CM
cycle 3

# Le XX$^{e}$ siècl

Alain Da

Dans les tranchées

Jean Moulin

Ah ! La belle vie

Un enlèvement programmé

Notes de **Pascal Dupont**
Formateur
IUFM Midi-Pyrénées

hachette
ÉDUCATION

guidant dans leur compréhension.
Pour éviter la mise en mémoire d'informations fragmentées, ils les aideront peu à peu à tisser des réseaux de significations entre différentes œuvres et différentes époques.

## La littérature et l'histoire à l'école

L'école s'est fixé pour objectif de donner à chaque enfant les références culturelles nécessaires pour que le monde des hommes commence à prendre sens pour lui.
Dans le domaine de la **culture humaniste** : « L'histoire et la géographie donnent des repères communs, temporels et spatiaux, pour commencer à comprendre l'unité et la complexité du monde. Elles développent chez les élèves curiosité, sens de l'observation et esprit critique. »
Dans le domaine de la **littérature** : « Le programme de littérature vise à donner à chaque élève un répertoire de références appropriées à son âge, puisées dans le patrimoine et dans la littérature de jeunesse d'hier et d'aujourd'hui ; il participe ainsi à la constitution d'une culture littéraire commune. »
Il appartient aux éducateurs : enseignants, parents, médiateurs du livre, de relayer cette ambition.

**Pascal Dupont**

Alain Dag'Naud

# Dans les tranchées

Illustré par Antoine Ronzon

## Paris, dimanche 2 août 1914

Mon Julien, mon grand frère bien-aimé,

Tu viens de partir à la guerre et je ne sais pas si ma lettre te parviendra. Je t'écris aussitôt car j'ai le cœur triste.

Hier, le président de la République, Raymond Poincaré, a décidé la mobilisation générale contre l'Allemagne, et aujourd'hui tu es parti. Quand nous t'avons accompagné à la gare tout à l'heure, avec papa et maman, nous avons failli te perdre tant il y avait de monde sur les quais. Des gens pleuraient, d'autres chantaient la Marseillaise. Une musique militaire a retenti. Je me suis accrochée à ton bras, puis je t'ai tendu une fleur. Maman a laissé échapper des larmes. Papa a fait le fier. Il t'a dit : « Ne t'en fais pas petit. L'ennemi sera bientôt vaincu. Nous récupérerons l'Alsace et la Lorraine que l'Allemagne nous a prises en 1870. Tu viens d'avoir vingt ans. Tu te battras avec courage et tu reviendras vite. »

Tu es monté dans le train et tu nous as adressé un triste sourire. La locomotive a sifflé longuement, puis a lâché son panache de fumée. Tu es resté un moment à la fenêtre du wagon en agitant le bras. Tu es loin maintenant. Écris-nous vite. Je suis inquiète. Et si la guerre durait plus longtemps que prévu ?

Ta petite sœur Marguerite

**Raymond Poincaré :** président de la République française de 1913 à 1920.

**la mobilisation générale :** rappel sous les drapeaux de toutes les personnes aptes à combattre lors d'une guerre.

**la Marseillaise :** hymne national de la France depuis 1795.

**faire le fier :** cacher son chagrin pour se montrer rassurant.

**un panache :** un jet.

## Paris, mardi 11 août 1914

Mon Julien adoré,

Voilà dix jours que tu es parti ; nous sommes sans nouvelles de toi. Je ne sais même pas où tu es.
La censure militaire bloque peut-être le courrier. On dit ici qu'il y a des espions partout. Des affiches nous mettent en garde : « Méfiez-vous, les murs ont des oreilles ! »
Mais tout est calme à Paris.
Hier, maman a donné un lit et une table à repasser aux infirmières de la Croix-Rouge.
Comme les hommes sont absents, le gouvernement a demandé aux femmes d'agriculteurs de faire les récoltes à leur place. Il ne faudrait pas que nous manquions de nourriture !
Dans les rues, des crieurs de journaux annoncent les grands titres. Je me méfie de ce qu'ils disent. Ils nous cachent peut-être la vérité.
Il paraît que nous avons lancé une offensive dans l'Est, vers la Lorraine, mais que les Allemands attaquent au Nord, par la Belgique. En fait, on ne sait rien.
J'espère que tu vas bien. Écris-moi si tu peux !

Ta petite sœur Marguerite

**la censure** : le contrôle du contenu des lettres par une commission militaire qui autorise ou non leur envoi.

**la Croix-Rouge** : organisation internationale qui vient au secours des blessés et des prisonniers de guerre, fondée par Henri Dunant en 1863.

**les grands titres** : les nouvelles importantes à la une des journaux.

**une offensive** : une attaque.

**ne pas être couronné de succès** : ne pas réussir.

**à toute allure** : avec une grande rapidité.

**Quelque part sur le front,**
**le lundi 24 août 1914**

**être évacué :** être envoyé dans un lieu plus sûr, à l'abri.

**à l'assaut :** au combat.

Mes chers parents, ma sœur aimée,
Je vous fais parvenir cette lettre par un ami. Il est évacué à l'arrière car il a reçu une balle dans la jambe. Je peux donc vous écrire plus librement, sans le contrôle de la censure. Elle nous interdit de donner des renseignements qui pourraient être utilisés par l'ennemi.
Je vais bien. On m'a attribué un bel uniforme avec un pantalon rouge. Mais il est beaucoup trop serré, ce qui me gêne quand il faut partir à l'assaut. De plus, la couleur rouge fait de nous des cibles faciles. De l'autre côté, les Allemands ont des uniformes gris-marron. On les repère plus difficilement.
Puisque je peux parler, sachez que notre action en Lorraine n'a pas été couronnée de succès. Nous n'avons pas réussi à vaincre. On parle maintenant de nous envoyer vers la Belgique où les Allemands avancent à toute allure. Je crois qu'il va y avoir de violents combats. Pensez à moi. Vive la France !
Votre Julien

## Paris, lundi 7 septembre 1914

Mon cher Julien,

Je viens seulement de recevoir ta lettre. J'espère que tu vas bien malgré les combats. Ici, il fait un temps superbe. Mais on s'intéresse peu au climat car les Allemands sont arrivés à quelques kilomètres de Paris. Nos troupes ont reculé. La ville est menacée et en état de siège. Il y a une semaine, un avion ennemi a lâché quatre bombes vers la gare de l'Est. Il visait peut-être les trains chargés de blessés. C'est terrible.

De nombreux habitants quittent la ville pour se réfugier à la campagne. Il leur faut faire la queue pendant des heures pour obtenir un permis de circuler. Mon amie Marcelle a quand même réussi à partir avec ses parents. Le gouvernement a quitté Paris pour s'installer à Bordeaux. Papa envisage de nous évacuer en Normandie.

Pour nous défendre, le général Gallieni a eu une bonne idée. Il a réquisitionné plus de mille taxis pour transporter au plus vite de nouvelles troupes sur la Marne. J'ai vu ces voitures rassemblées aux Invalides. Elles formaient une file impressionnante. Ce sont des Renault. Elles peuvent rouler à 25 km/h et transporteront donc en une nuit des troupes nouvelles pour le front. De quoi faire reculer les Allemands.

**un temps superbe** : très beau.

**en état de siège** : soumise à une réglementation militaire.

**réquisitionner** : exiger que du matériel soit mis à la disposition de l'armée.

**la Marne** : rivière, affluent de la Seine, qui coule à l'est de la région parisienne.

**les Invalides** : Hôtel et église construits sous Louis XIV pour assurer aide et assistance aux soldats invalides, devenu aujourd'hui le musée de l'Armée.

Es-tu toi aussi sur le front de la Marne ? Que deviens-tu ? Écris-nous vite si tu le peux.
Papa et maman se joignent à moi pour t'embrasser très fort.

Marguerite

**le front :** la zone où ont lieu les combats entre deux armées.

**la Manche** : partie de l'océan Atlantique qui sépare la France de la Grande-Bretagne.

**battre en retraite** : perdre du terrain et reculer devant l'armée ennemie.

**le tsar Nicolas** : Nicolas II (1868-1918) est le dernier tsar de Russie. Il sera emprisonné lors de la révolution russe de 1917.

**le flanc oriental** : le front situé à l'est.

**Saint-Valéry-en-Caux,**
**samedi 12 septembre 1914**

Très cher Julien,

Papa, maman et moi, nous sommes réfugiés dans un petit port sur les bords de la Manche. Je me baigne souvent. Nous allons dans la campagne ramasser des fruits.

Je suis heureuse de savoir que les Allemands ont battu en retraite. Nous comptons beaucoup sur les troupes anglaises débarquées en France pour nous aider. Nous pensons aussi que les armées russes du tsar Nicolas seront comme un rouleau compresseur qui aura tôt fait d'écraser les Allemands sur leur flanc oriental. Du moins nous l'espérons.

Puisque Paris n'est plus directement menacé, nous y retournerons dans une semaine ou deux. En attendant, maman et moi tricotons des vêtements chauds pour nos soldats.

Donne-nous vite de tes nouvelles.

Pourvu que tu ne sois pas blessé !

Ta sœur qui t'aime.

## Quelque part sur le front,
## le 10 octobre 1914

Ma chère sœur, mes parents bien-aimés,
J'ai bien reçu ta lettre, Marguerite, et le colis de vivres adressé par papa et maman. Ils me sont parvenus avec bien du retard. Le 15 septembre, on nous a transportés par chemin de fer à trente kilomètres au nord de Paris pour soutenir le front. J'étais tout près de vous mais je ne pouvais vous écrire. Je préfère ne pas te raconter, Marguerite, les horreurs que j'ai vues sur les champs de bataille. Les officiers de l'état-major semblent agir en dépit du bon sens. Nous avons des canons mais ils sont pulvérisés par l'artillerie ennemie qui vise plus loin. Nos chefs nous demandent de charger à la baïonnette, sur des terrains à découvert. En face, les mitrailleuses tirent sur nous sans discontinuer. Elles font des ravages dans notre camp. Les balles sifflent autour de ma tête quand nous attaquons. Des bombes explosent partout. J'ai vu un jeune garçon le crâne traversé par un éclat d'obus. Il était mort. Pourtant, il me regardait. J'y repense jour et nuit. J'ai peur souvent. Mais il faut en terminer au plus vite et chasser les Boches de chez nous. Je ne reste pas plus longtemps. Mon chef m'appelle.

Julien

**des vivres :** de la nourriture.

**l'état-major :** le commandement des armées.

**en dépit du bon sens :** en prenant des décisions irréfléchies.

**pulvérisé :** anéanti, réduit en miettes.

**un terrain à découvert :** qui n'est pas protégé et donc dangereux pour les soldats.

**sans discontinuer :** sans s'arrêter.

**des ravages :** beaucoup de morts.

**les Boches :** Nom péjoratif donné aux Allemands.

**Paris, le 4 décembre 1914**

Mon cher grand frère,

J'ai été si heureuse de te revoir en bonne santé quand tu es venu en permission en novembre ! Quatre jours trop courts de bonheur pour moi et nos parents. Mais te voilà reparti au combat. Je suis dans l'angoisse car ce que tu nous as raconté de la guerre m'effraie. Je pense d'ailleurs que tu n'as pas osé tout nous décrire. Je l'ai compris à ton regard triste perdu dans le vague.

Ici, à Paris, la vie a repris son cours. Au lycée, nous apprenons nos leçons comme si de rien n'était. Un groupe d'élèves a eu une bonne idée. Nous renonçons aux livres de prix distribués en fin d'année pour en distribuer le montant aux armées.

Dans les rues, nous croisons de plus en plus de soldats belges, anglais, marocains… Les Écossais sont drôles avec leurs jupes et leurs jambes nues. Il paraît que ce sont des combattants merveilleux.

Nous avons reçu une carte de notre oncle Henri. Il est chargé des liaisons sur le front. Voici ce qu'il dit :

« Nous sommes en Belgique. Le poste de mon colonel est dans un ancien couvent à moitié détruit par les obus. Pour porter ses ordres aux postes

**une permission** : un congé accordé à un soldat.

**effrayer** : faire peur.

**renoncer** : se priver volontairement.

**chargé des liaisons** : chargé de porter des messages d'un poste de commandement à un autre.

avancés, je cours de nuit à travers champs. Quand les fusées éclairantes illuminent les alentours, je me précipite dans les trous d'obus envahis d'eau boueuse. J'ai horreur de ces bains forcés, car je n'ai rien pour me changer. De quoi attraper une pneumonie ! »
J'espère que ta situation est meilleure que celle d'oncle Henri. Peut-être seras-tu parmi nous pour Noël. Je t'embrasse affectueusement.

Marguerite

**une pneumonie :** une maladie due à une inflammation du poumon.

## Sur le front, vendredi 1er janvier

Chère petite sœur, chers parents,
C'est un triste Jour de l'An ; je forme le vœu que la guerre se termine bientôt. Dans ta dernière lettre, Marguerite, tu me demandais si j'avais plus de chance que l'oncle Henri. Hélas non ! Depuis l'échec des différentes offensives contre les Allemands, nous nous sommes enterrés sur nos positions. Enterrés, c'est bien le mot. Nous avons creusé des tranchées protégées par des sacs de sable et des barbelés. Comme il pleut sans cesse depuis plusieurs jours, nous pataugeons dans la gadoue. Les Allemands, qui ont fait de même, nous balancent des grenades, une arme nouvelle. Quand nous partons à l'attaque, nous emportons des cisailles pour couper les barbelés. Nous

**former un vœu :** souhaiter vivement.

**une tranchée :** un fossé profond à proximité des lignes ennemies.

**des barbelés :** des fils de fer hérissés de pointes pour ne pas être franchis.

**patauger :** marcher dans la boue.

**la gadoue :** terre détrempée et collante.

**une cisaille :** un outil en forme de ciseaux servant à couper le métal.

remorquons aussi des chariots chargés d'explosifs que nous précipitons dans la tranchée ennemie. Si nous y arrivons. Car l'ennemi nous guette et tire jour et nuit au fusil, à la mitrailleuse, au canon. C'est l'enfer.
Hier pourtant, à l'occasion du réveillon, tout le monde a arrêté de tirer. Nous avons même chanté. Les Allemands, qui ne sont qu'à trente mètres, ont repris nos chants. C'était un court moment de paix. Il en faudrait plus.
Je vous embrasse affectueusement.

Votre Julien

**Paris, dimanche 21 mars 1915**

Mon cher Julien,
Les Allemands ont une curieuse façon de fêter le printemps. Vers deux heures du matin, papa et maman m'ont fait sauter à bas de mon lit pour nous réfugier à la cave. Les voisins ont fait de même. Nous étions serrés les uns contre les autres. Des zeppelins ont survolé la capitale et lancé des bombes. Pas loin de la maison, l'une d'elles a creusé un cratère énorme dans la rue.
Tu dois vivre aussi des moments pénibles. On rencontre à Paris de plus en plus de jeunes gens qui ont perdu un bras ou une jambe. Heureusement, si l'on en croit le général Joffre qui commande nos armées, la guerre devrait bientôt finir.

Marguerite

**un zeppelin :** un dirigeable de très grande taille que les Allemands utilisèrent de 1900 à 1937.

**un cratère :** un trou très profond.

**le général Joffre :** chef des armées françaises jusqu'en 1916.

**asphyxiant :** qui empêche de respirer et entraîne la mort.

**âcre :** dont l'odeur est forte et piquante.

### Ypres, le 23 avril 1915

Très chers parents,
Je vous écris aujourd'hui pour vous montrer l'horreur inimaginable de cette guerre. Je suis en Belgique, près d'une ville qui s'appelle Ypres. Hier, les Allemands ont utilisé contre nous une arme nouvelle et effroyable. C'est un gaz asphyxiant, mortel à plusieurs kilomètres. Quand les vapeurs sont arrivées, j'étais heureusement au fond d'une cave fermée. J'ai entendu des hurlements et senti une vague odeur âcre, comme celle de la moutarde. Je me suis plaqué sur le nez un chiffon imbibé d'huile et je suis sorti. Mes amis étouffaient et se tordaient de douleur. Leurs poumons brûlaient. Le vent a tourné, heureusement, mais plusieurs milliers de soldats, bretons pour l'essentiel, étaient déjà morts. Il faudra que le gouvernement prévoie des masques à gaz !

Julien

### Paris, samedi 8 mai 1915

Julien chéri,
Dans le journal, j'ai lu qu'un sous-marin allemand a torpillé hier le paquebot Lusitania qui venait d'Amérique avec 1 200 passagers. Ils sont tous morts. J'espère que cet acte poussera les États-Unis du président Wilson à déclarer la

guerre à l'Allemagne du Kaiser Guillaume II. Je te dis cela pour te redonner confiance.
À part ça, nous faisons des promenades en famille autour de Paris. Nous sommes allés sur les bords de Marne ; il y a des guinguettes où les gens dansent. On ne se croirait pas en guerre. Mais au lycée, ma professeur de mathématiques est triste parce que son fils vient de mourir des suites de ses blessures. Et dans les environs de Paris, on a construit des usines d'armement qui fabriquent des canons et des obus. Des centaines de femmes y travaillent ainsi que des hommes trop âgés pour combattre. Tante Amélie s'est engagée comme ouvrière sur une chaîne de montage. Quand elle rentre le soir, elle est épuisée. Mais avec les munitions fabriquées, nous finirons par vaincre.
Ta sœur qui t'aime.

Marguerite

**le Kaiser :** Empereur d'Allemagne.

**une guinguette :** petite auberge dans la nature où l'on peut consommer et danser.

**une chaîne de montage :** un ensemble de postes de travail permettant de fabriquer des produits.

**épuisé :** extrêmement fatigué.

## Depuis un hôpital de campagne, le 2 juillet 1915

Chers parents,
J'ai été blessé de plusieurs éclats d'obus dans la jambe et au dos. Mes blessures sont douloureuses mais pas trop graves, rassurez-vous. Je suis bien soigné par des infirmières dévouées. À l'hôpital, la vie est rude. Nous sommes couchés sur de la paille, à même le sol, serrés les uns contre les autres. On m'a prêté du papier et de l'encre, mais j'arrive à peine à écrire. Mes voisins crient de souffrance, d'autres pleurent. Il y a surtout une affreuse odeur de sueur et de sang. Le chirurgien opère comme il peut sur un simple tréteau de bois. Il fait son possible. Il a l'air épuisé.
Je vous laisse. Je vous embrasse.

Julien

**dévoué :** qui se met complètement au service de quelqu'un.

**un tréteau :** une plate-forme surélevée.

## Paris, lundi 5 juillet

Mon pauvre Julien,
Je viens de recevoir ta lettre. Le courrier est rapide. Maman est dans tous ses états de te savoir blessé. Donne-nous vite de tes nouvelles. Je me réjouissais de te dire que j'ai été reçue à l'examen de fin d'année. Mais je pense que tu as d'autres préoccupations. Nous t'embrassons très fort.

Marguerite

**être dans tous ses états** : être très inquiet.

**avoir d'autres préoccupations** : avoir des soucis bien plus importants.

## Saint-Cloud, le 12 juillet 1915

Chers parents, ma chère sœur,
On m'a transporté en ambulance tout près de vous, dans un hôpital installé à l'entrée du parc de Saint-Cloud. Je marche avec des béquilles. Vous me manquez. Venez me voir.

Julien

**une béquille** : une canne munie d'une poignée sur laquelle on peut s'appuyer pour se déplacer.

## Paris, mardi 21 septembre 1915

Mon cher Julien,
Tu es maintenant en convalescence à l'hôpital installé dans le château d'Anet, en Normandie. J'espère que tu y es bien. Ici, tout est comme d'habitude, ou presque. L'autre jour, je voulais monter en haut de la tour Eiffel avec papa. Nous n'avons pas pu. Elle est entourée à sa base d'une

**la convalescence** : la période après une maladie ou une opération pendant laquelle on se rétablit progressivement.

clôture gardée par des sentinelles car un poste de télégraphie sans fil a été installé au sommet.

**la télégraphie sans fil :** un procédé pour envoyer des informations à distance par des ondes.

Nous nous sommes promenés dans les champs au sud de la capitale. Les femmes, les enfants et les émigrés de Belgique et du Nord y travaillent avec courage. Dans les bois, les forestiers abattent les arbres qui seront débités en planches pour soutenir les tranchées.

**débité :** découpé pour être prêt à l'emploi.

Oncle Henri a perdu une jambe sur le front. Il vient d'être décoré de la Croix de guerre. On devrait te l'attribuer aussi.

**attribuer :** donner.

Nous viendrons te voir.

Je t'embrasse.

Marguerite

**Verdun, le 5 mars 1916**

Mes chers parents, ma chère Marguerite

Je suis considéré comme guéri. Je suis donc de retour au front, près de Verdun. Cette ville de l'Est est attaquée férocement par les Allemands depuis deux semaines. Ils ont pris les forts de Douaumont et de Vaux, qui étaient à peine défendus. Le général Joffre, que nous appelons « pépère », pensait qu'ils ne seraient pas attaqués. Encore une erreur du commandement. J'ai maintenant un casque sur la tête, et pas ce képi qui ne nous protégeait pas des balles. Il était temps que nous en soyons équipés !

La route en direction de Verdun est appelée « Voie sacrée ». On y rencontre un indescriptible mouvement de camions, d'autobus venus de Paris, de régiments à cheval, de cyclistes avec leur fusil en bandoulière, de soldats à pied, le tout dans une incroyable poussière. Nous sommes à vingt kilomètres du front, mais nous entendons déjà le bruit des canons. Là-bas, ça doit être effrayant. Pensez à moi. Je ne sais pas ce qui m'attend.
Je vous embrasse.

Julien

**indescriptible :** qui ne peut être exprimé.

**en bandoulière :** en diagonale sur la poitrine ou sur le dos.

**Paris, le 30 avril 1916**

Mon grand frère aimé,
Des bruits inquiétants viennent de Verdun. On parle de boucherie. Il y aurait des centaines de milliers de morts et de blessés. Je tremble pour toi. À Paris, la vie devient dure. Les prix augmentent du fait du manque de main-d'œuvre et des profits que font certains sur la rareté des choses. Au marché, le prix de la viande a doublé en un an, le sucre est passé de 15 à 30 sous le kilo. Ça fait des mois que je n'ai plus mangé un bon rôti ! Le charbon a triplé. Si ça continue, on ne pourra plus se chauffer.
Des avions allemands nous survolent et nous bombardent la nuit. Nos canons s'efforcent de les abattre.

**une boucherie :** une tuerie.

**dur :** difficile.

**la main-d'œuvre :** les ouvriers.

**les profits :** l'argent gagné.

Pour nous distraire, papa, maman et moi sommes allés cet après-midi au parc des Tuileries écouter les orchestres militaires. La foule a beaucoup applaudi.
Voilà les nouvelles.

Ta petite sœur qui t'aime

## Verdun, le 10 mai 1916

Chers parents et sœur,
Je n'aurais jamais imaginé un tel carnage ici, à Verdun. Nous nous battons pour quelques mètres de tranchées que nous reperdons presque aussitôt.
Le 2 mai, à 16 heures, on m'a donné l'ordre d'avancer avec mes hommes. J'ai alors croisé un jeune officier en pleurs qui m'a dit de ne surtout pas y aller. Des mitrailleuses étaient braquées sur nous. Cet officier venait de perdre cinquante hommes sur les soixante-dix de sa compagnie. Mais je sais que, si l'on refuse d'obéir, même à des ordres stupides, c'est le peloton d'exécution, douze balles dans la peau. J'ai hésité, puis j'ai commandé : « À la baïonnette ! »
Nous avons grimpé hors de la tranchée et nous nous sommes élancés. Tout à coup, un furieux tir de barrage s'est déclenché. Mon ami Sébastien est tombé à côté de moi, frappé d'une balle en

**un carnage** : un massacre.

**braqué** : pointé.

**un peloton d'exécution** : un groupe de soldats chargé de fusiller les condamnés.

**furieux** : déchaîné, ininterrompu.

**de barrage** : qui empêche d'avancer.

pleine tête. J'ai crié à mes hommes :
« Vengeons-le ! »

**faire mine :** faire semblant.

Les Boches ont fait mine de reculer. Mais vers 19 heures 30, brusque contre-attaque. Mon camarade André a tué trois Allemands, mais il a été touché à son tour. Il est mort dans mes bras.
Au bout de deux heures, j'avais perdu les deux tiers de mes hommes. Avec les survivants, je suis resté couché toute la nuit dans un trou de bombe.
Au matin, un bombardement a commencé, effroyable. Nous sommes restés dans notre trou, épuisés, sans vivres, sans eau, entourés de cadavres et de rats. Quatre jours plus tard, le canon a enfin cessé. Nous avons été secourus. Nous avons été rapatriés sur l'arrière où nous pouvons enfin coucher sur de la paille sèche. Sur quarante-trois soldats, il n'en reste que sept.

**rapatrié :** envoyé.

Cette guerre ne finira-t-elle donc jamais ?
Je pense à vous.

Julien

**Paris, le 14 juillet 1916**

Mon cher Julien,
Nous n'avons plus de nouvelles de toi. Nous sommes morts d'inquiétude. Es-tu à l'arrière ou encore en première ligne ? Écris-nous si tu peux.
Ici, à l'occasion de la fête nationale, il y a eu un défilé suivi d'une cérémonie : cinq cents familles

**en première ligne :** sur le front.

ont reçu un diplôme précisant que l'un des leurs était « Mort au champ d'honneur ». Je ne suis pas sûre que ce papier les consolera !

Marguerite

**mort au champ d'honneur :** tombé glorieusement au service de la patrie.

**Verdun, le 25 octobre 1916**

Je suis toujours en première ligne, mais la bataille s'achève. Le fort de Douaumont a été repris hier. Nous avons tenu !
Je vous aime.

Julien

**Paris, le 26 novembre 1916**

Mon grand frère aimé,
Nous avons tenu à Verdun, et tu es en vie, c'est magnifique. Mais l'offensive que nos amis Anglais ont lancée sur la Somme depuis juin a été un échec. Nous n'avons pas percé les lignes ennemies et il y aurait eu 450 000 morts et disparus. C'est de la barbarie. Dans cette bataille effroyable, les Anglais ont utilisé une arme nouvelle. Il s'agit d'un gros véhicule d'acier appelé « tank ». Il brise tout sur son passage et franchit les obstacles. Cela suffira-t-il à nous apporter la victoire ? À Paris, pour réserver le gaz et l'électricité aux usines d'armement, les magasins ont ordre de ne plus s'éclairer qu'à la bougie à partir de six heures du soir. Ils ont préféré fermer. Les rues sont

**percer :** traverser.

**la barbarie :** un comportement d'une extrême cruauté.

**lugubre** : très triste, sinistre.

**une rumeur** : nouvelle de source inconnue, un bruit qui court.

**le général Nivelle** : général français qui a conduit la bataille du Chemin des Dames.

**une crête** : la partie la plus élevée d'une colline.

**le Chemin des Dames** : bataille qui devait être décisive et qui se solde par un massacre des troupes françaises.

**les bruits de sape** : bruits produits par le creusement de tunnels.

**égorger** : trancher la gorge.

**un boyau** : galerie souterraine très étroite.

**une mutinerie** : révolte des soldats contre l'autorité militaire.

devenues lugubres. On parle de planter des pommes de terre dans les jardins publics pour s'alimenter. On dit aussi que des espions allemands établis en France distribuent aux enfants des bonbons empoisonnés et des crayons de couleur explosifs. Je pense que c'est une fausse rumeur, une de plus.
Porte-toi bien.
Ta petite sœur.

Marguerite

## Chemin des Dames, le 18 mai 1917

Ma chère petite sœur, mes chers parents,
Je sors une fois de plus de l'enfer. Le général Nivelle, qui a remplacé Joffre, avait affirmé que nous serions vainqueurs lors d'une grande offensive sur une crête appelée « le Chemin des Dames ». Nous nous sommes battus pour rien. Dans les positions enterrées, nous ne dormions plus. Nous écoutions les bruits de sape de l'ennemi qui creusait des galeries. Celles-ci pouvaient à tout moment déboucher dans nos positions et faire surgir des soldats pour nous égorger.
Les Allemands ont aussi creusé des boyaux pour faire exploser des bombes en dessous de nous.
Il n'y a pas un instant de repos. Les hommes protestent. J'ai appris qu'il y avait des mutineries dans plusieurs régiments.

Certains fraternisent avec les Allemands qui sont aussi dégoûtés que nous.
Heureusement, il y a deux bonnes nouvelles. Le général Nivelle a, à son tour, été remplacé : c'est maintenant le général Pétain qui dirige notre armée. Il nous respecte et nous appelle ses « braves Poilus ». Et les Américains se sont engagés à nos côtés. Ils ont déclaré la guerre à l'Allemagne le 6 avril dernier. Ce n'était pas trop tôt !
Je suis si impatient de vous revoir que je me demande s'il ne vaudrait pas mieux être blessé. Je serais alors rapatrié. Mais je sais que ceux qui se mutilent pour échapper au front sont fusillés. Triste époque. Je vous embrasse.

Julien

**fraterniser** : sympathiser, faire cause commune avec les soldats ennemis.

**les Poilus** : nom donné aux soldats de la Première Guerre mondiale.

**se mutiler** : s'infliger une grave blessure à soi-même ou se couper un membre.

**Paris, le 23 mars 1918**

Mon cher frère,
Hier, il y a eu plusieurs détonations assourdissantes dans Paris. Il n'y avait eu aucune alerte par les sirènes. Ce n'étaient pas des bombes jetées par des avions mais des obus tirés par un énorme canon allemand situé à 120 kilomètres, la Grosse Bertha. Il est prévu d'entasser des sacs de sable autour des palais de Paris pour les protéger.
Le journal nous informe que les révolutionnaires russes ont signé le 3 mars la paix avec l'Allemagne. Celle-ci va sans doute en profiter pour

**une détonation** : le bruit violent d'une explosion.

ramener ses troupes qui étaient bloquées à l'Est. Ce n'est pas rassurant. Monsieur Clemenceau, qui dirige le gouvernement, dit pourtant qu'il faut garder confiance.
Papa va bien mais maman souffre de plus en plus de rhumatismes. Sans doute le manque de chauffage, car nous sommes privés de charbon. Moi, je serai bientôt en vacances de Pâques. J'irai à la campagne aider à cultiver des pommes de terre.
Je t'embrasse.

Marguerite

**des rhumatismes** : douleurs dans les articulations.

### Au front, le 11 novembre 1918

Enfin ! Ce matin, à 11 heures, j'ai entendu le clairon sonner le cessez-le-feu. L'armistice a été signé dans la nuit, à 5 heures. On nous avait pourtant envoyés nous battre et je crains d'avoir tué un ennemi quelques minutes avant le clairon. Pauvre garçon.
Maintenant, il reste à faire la paix. Ce ne sera pas le plus facile.
À très bientôt. Je vous aime.

Julien

**un clairon** : instrument de musique à vent qui possède un son aigu utilisé dans l'armée.

**l'armistice** : arrêt des combats.

### Paris, le 11 novembre 1918

Mon grand frère, mon héros,
Peut-être nos lettres se croiseront-elles, mais je ne tarde pas à te donner des nouvelles en ce jour ma-

gnifique. La foule a fait un triomphe au maréchal Foch qui a mené à la victoire les troupes alliées. Papa, maman et moi agitions des drapeaux. Nous pleurions de bonheur. Quand les Allemands ont lancé une nouvelle grande offensive en mai de cette année, on a bien cru qu'ils allaient gagner. Ils se sont approchés tout près de Paris. Mais Foch les a repoussés et a contre-attaqué jusqu'à la victoire. Guillaume II vient d'abdiquer. Notre joie est sans limites. Dans les rues, on chante la Marseillaise, les gens organisent des farandoles. Nous t'attendons, pour faire la fête avec toi.

Marguerite

**faire un triomphe :** accueillir avec des acclamations.

**abdiquer :** renoncer à ses fonctions de roi ou d'empereur.

**une farandole :** danse dans laquelle les danseurs forment une chaîne en se tenant par la main.

Alain Dag'Naud

# Jean Moulin

Illustré par Sylvain Frécon

## La défaite de 1940

Le vendredi 1er septembre 1939, à 4 heures 45 du matin, les armées du dictateur allemand Adolf Hitler envahissent la Pologne. Deux jours plus tard, à 9 heures du matin, l'ambassadeur de Grande-Bretagne à Berlin remet un ultimatum au Führer :
« Vous vous retirez de Pologne ou nous vous déclarons la guerre. »
Hitler, assis, regarde fixement devant lui. Il se tourne vers son ministre des Affaires étrangères, Ribbentrop :
« Et maintenant ? demande Hitler.
– Je pensais que la Grande-Bretagne ne ferait pas la guerre. Maintenant, il est trop tard, répond le ministre.
– Le gouvernement allemand refuse l'ultimatum britannique », déclare Hitler.
À midi et demi, l'ambassadeur de France se présente à son tour devant Ribbentrop :
« Allez-vous vous retirer de Pologne ?
– Non ! répond le ministre allemand.
– Alors, c'est la guerre. »

**un dictateur :** un chef d'État qui détient tous les pouvoirs.

**un ultimatum :** les dernières conditions imposées à un pays. En cas de refus, la guerre est déclarée.

**le Führer :** mot allemand qui signifie « chef » ou « guide » et qui désignait Adolf Hitler.

Les généraux français font les fiers :
« Les Allemands, on les aura comme à Verdun en 1917 ! dit l'un.

**faire le fier :** se croire supérieur.

**un blockhaus** : une construction en béton fortifiée et semi-enterrée.

**la Wehrmacht** : nom donné à l'armée allemande de 1935 à 1945.

– Nous avons construit la ligne Maginot, des kilomètres de blockhaus et de galeries souterraines à la frontière. La Wehrmacht ne passera pas ! dit un autre.
– À quoi nous serviraient des avions et des chars ? demande un troisième. Ce serait dépenser inutilement de l'argent. »
Pendant neuf mois, rien ne se passe. C'est la « drôle de guerre ». Les Allemands sont occupés en Pologne. Les soldats alliés attendent sans rien faire derrière la ligne Maginot. Ils s'ennuient. Ils jouent aux cartes. On leur distribue des ballons de football. La grande vedette Maurice Chevalier vient leur chanter son succès : « Dans la vie faut pas s'en faire ». Mais les armées françaises ne s'entraînent pas.
10 mai 1940 : les troupes allemandes se ruent sur la Belgique. Des villes entières sont rasées par des bombardements. Le 13, des divisions ennemies attaquent la France avec des tanks et des avions en passant par la forêt des Ardennes, que personne n'avait songé à protéger. Les soldats français se battent courageusement. Mais le 15 au lever du jour, le chef du gouvernement Paul Reynaud téléphone au Premier ministre anglais Winston Churchill :
« Nous sommes battus, nous avons perdu la bataille.

**un tank** : un char de combat.

– Pas si vite ! » s'exclame Churchill, qui n'en croit pas ses oreilles.
Moins d'un mois plus tard, le 14 juin 1940, les Allemands entrent dans Paris. Le 17, le maréchal Pétain, héros de la bataille de Verdun pendant la Première Guerre, parle à la radio : « C'est le cœur serré que je vous dis aujourd'hui qu'il faut cesser le combat. »
Le 28 juin, à 5 heures 30 du matin, Hitler atterrit à Paris pour une visite éclair. Il monte à l'avant d'une Mercedes décapotable et fait le tour de Paris : l'Opéra, l'Arc de Triomphe, la tour Eiffel et tous les hauts lieux de la capitale. Trois heures plus tard, Hitler est dans l'avion du retour.

**éclair :** extrêmement rapide.

## Face aux Allemands

Revenons trois semaines plus tôt. Des milliers de gens fuient devant l'avancée allemande. Ils ont peur. C'est l'exode. Ils ont d'abord quitté la Belgique, puis le Nord de la France et enfin Paris pour se diriger vers le Sud. Certains ont pris le train. Mais les voies de chemin de fer sont bombardées. D'autres, les plus riches, ceux qui ont une voiture, ont emporté leurs affaires les plus précieuses.
« Sur la route, des avions ennemis nous ont survolés. Ils ont fait demi-tour, se sont mis en piqué

**l'exode :** le départ en masse des gens qui fuient la guerre.

**être bombardé :** être détruit par des bombes.

et nous ont tiré dessus à la mitrailleuse. Nous n'avons eu que le temps de sauter dans un fossé sur le bord. Quand ils sont partis, il y avait plusieurs morts de l'autre côté de la route », raconte Louis Pisa. Avec sa famille, il est parti de Hautmont dans le Nord et vient d'arriver à Chartres. Il raconte sa fuite à Jean Moulin, jeune préfet de Chartres. « Mon père conduisait. J'ai fait tout le voyage assis sur une vieille machine à écrire. Nous sommes épuisés. Savez-vous où l'on pourrait passer la nuit ? »

**un préfet** : en France, la personne qui représente le gouvernement dans un département.

Jean Moulin conduit cette famille jusqu'à une salle municipale où il a fait disposer des matelas. En chemin, il croise des soldats français en uniforme déchiré. Ils ont jeté leurs armes pour ne pas être faits prisonniers. Des gens poussent des charrettes, d'autres sont en vélo, partis avec seulement quelques affaires dans un sac, à l'aventure. La plupart vont maintenant à pied. Une femme est assise sur le trottoir, ses deux enfants dans les bras. Elle pleure. En ville, les commerçants et une bonne partie des habitants ont fui.
Jean Moulin regagne sa préfecture :
« Il faut rassembler la nourriture et la distribuer à ces pauvres gens qui sont partis sans rien », dit-il à ses assistants.
Tout à coup, on entend le ronflement d'avions

**partir à l'aventure** : partir sans savoir où aller.

FOIRE
GALA

**une détonation** : le bruit d'une explosion.

puis de sourdes détonations. Une lueur éclaire l'horizon. Le dépôt d'essence de l'aérodrome brûle, mais il n'y a plus de pompiers.

**un perron** : un escalier extérieur qui mène à l'entrée d'un bâtiment.

L'ennemi va arriver à Chartres d'un moment à l'autre. Vers 7 heures du matin, le 17 juin, Jean Moulin passe son grand uniforme de préfet et va sur le perron de la préfecture attendre les Allemands. Des motos, puis des automitrailleuses passent. Une grosse voiture entre dans la cour et s'arrête. Trois officiers en descendent et font le salut militaire en claquant des talons.
« Je suis le général Koch. Je commande la place. J'occupe votre préfecture », déclare le plus âgé avant de s'en aller.
Le soir, à 18 heures, deux jeunes officiers de la Wehrmacht convoquent Jean Moulin.
« Dix personnes ont été assassinées par des soldats noirs de l'armée française. Vous devez signer leur condamnation. »
Jean Moulin refuse. Il veut vérifier les faits. L'un des officiers le menace de son pistolet :
« Signez !
– Non ! » dit le préfet.
Un officier le jette à terre et le frappe à coups de bottes. Jean Moulin ne cède pas. Alors l'officier lui dit :
« Vous voulez des preuves, vous en aurez. »

**ne pas céder** : ne pas accepter de faire quelque chose.

Il relève le préfet, le conduit à une voiture et l'emmène jusqu'à un hangar en pleine campagne. Il ouvre la porte et lui montre des cadavres :
« Voilà ce qu'ont fait vos nègres !
– Ils sont criblés d'éclats, dit Jean Moulin en examinant les corps. Ce sont vos bombardements qui les ont tués. Vous avez pris ce prétexte pour massacrer des soldats noirs. Ne comptez pas sur moi pour justifier vos actes. »
Fous de rage, les deux officiers le frappent à nouveau et le ramènent à Chartres. Ils l'enferment dans une pièce en compagnie d'un prisonnier sénégalais :

« Puisque vous les aimez tant, vous allez dormir avec lui. »
Dans le silence de la nuit, Jean Moulin réfléchit : « Demain, les Allemands essaieront encore de me faire signer. Je ne le veux pas. »
Le préfet remarque des débris de verre sur le sol. Il en prend un et, d'un coup sec, se tranche la gorge. À 5 heures du matin, des soldats ouvrent la porte et le découvrent, tout en sang. Un médecin arrive et réussit à le sauver. Jean Moulin n'a pas signé.

### Un jeune homme prêt à se battre

Ce même jour, le 17 juin, dans le Sud-Ouest de la France, à Pau, un jeune homme écoute le discours du vieux maréchal Pétain, qui demande l'armistice.

**un armistice :** un arrêt des combats pour permettre au pays qui en fait la demande d'étudier les conditions de fin de guerre.

« Quel vieil abruti ! » s'écrie-t-il. Il s'appelle Daniel Bouyjou, il a 18 ans. Dans deux ans, il sera l'assistant de Jean Moulin dans la Résistance. Pour l'instant, il veut se battre.
« Il faut que je parte vite, avant l'arrivée des Allemands, dit-il à ses copains, qui ne sont pas d'accord.
– J'ai ma famille et mes études, je ne veux pas partir, dit l'un.
– Avec qui veux-tu te battre ? ajoute un autre. Hitler est invincible. La guerre est finie. »

**invincible :** que l'on ne peut pas battre.

Daniel confie à ses parents son désir de partir. Ils sont inquiets mais respectent sa volonté :
« Nous te conduirons demain au port de Bayonne. Nous essaierons de te trouver un bateau qui te mènera en Afrique du Nord », dit le père.
Le lendemain, 18 juin 1940, sur le quai, ils avisent un vieux cargo, le Léopold II. C'est le dernier bateau autorisé à partir.
« Je suis complet, je ne peux embarquer personne », affirme le capitaine.
Le père de Daniel lui verse une jolie somme. Daniel peut monter sur le pont. Il n'a pour tout bagage qu'un sac de voyage avec des saucissons, du pain et une gourde d'eau.

**aviser :** apercevoir.

**une jolie somme :** une somme d'argent importante.

Le Léopold II prend le large. Le capitaine annonce qu'il ne peut naviguer vers le Sud car il y a des sous-marins.
« Nous allons en Angleterre », précise-t-il.
« On verra bien ! » pense Daniel.
Après trois jours de traversée et une violente tempête, les falaises de la côte anglaise apparaissent. Mais, à l'accostage, les autorités du port donnent l'ordre de rester à bord une nuit de plus, le temps d'examiner les pièces d'identité. Les Anglais craignent l'arrivée d'espions. Le lendemain, des vedettes débarquent les passagers par petits groupes. Daniel est longuement interrogé. Un interprète est nécessaire car il parle mal anglais. Puis

**l'accostage :** le fait de ranger le bateau le long d'un quai.

**craindre :** avoir peur.

**une vedette :** un petit bateau à moteur très rapide.

il est dirigé avec d'autres Français vers un train pour Londres. Daniel discute avec un voisin qui lui rapporte le discours de Winston Churchill :
« Rien ne saurait détruire la volonté de la Grande-Bretagne de combattre jusqu'au bout et pendant des années s'il le faut. »
Il lui parle aussi d'un général français inconnu nommé Charles de Gaulle. Il a lancé un appel le 18 juin sur la BBC, la radio anglaise. Personne ne l'a entendu, mais cet appel a été publié sur une affiche :
« La France a perdu une bataille ! Mais la France n'a pas perdu la guerre ! »
« Je veux le rencontrer ! » s'exclame aussitôt Daniel.

Notre jeune homme se retrouve dans un vaste bâtiment au centre de Londres, l'Olympia Hall. Quatre cents volontaires y sont rassemblés. Beaucoup viennent de Bretagne, notamment de l'île de Sein. Ils ont fait la traversée sur des chalutiers. Il y a là des garçons très jeunes, 15 ou 16 ans. Ils chantent la Marseillaise.
« Nous ne sommes que 400 résistants ? » s'interroge Daniel.
Trois jours plus tard, le général de Gaulle est attendu.
« On ne nous a pas distribué de tenue militaire, pense Daniel. Certains d'entre nous sont encore

en espadrilles. De Gaulle va nous trouver ridicules ! »
À 9 heures, un militaire ordonne : « À vos rangs, fixe ! »

**des espadrilles :** des chaussures légères en toile.

Un homme grand s'avance et leur dit : « Vous avez fait votre devoir. Rappelez-vous : il n'est pas besoin d'espérer pour entreprendre, ni de réussir pour persévérer. »

## Les Forces Françaises Libres

Le 11 juillet 1940, Daniel et ses camarades sont conduits en train vers le Sud, au camp de Delville. On les installe dans des baraquements meublés de lits de fer. Le 15 juillet, les Anglais leur distribuent des uniformes : un blouson avec

**un baraquement :** un logement provisoire pour des militaires.

le mot « France » brodé en blanc sur la manche, un pantalon avec une grande poche sur la jambe gauche, des chaussures en cuir noir ciré. À cet uniforme s'ajoute un trousseau comprenant une brosse à dents, un rasoir et un blaireau, un peigne et une brosse à cheveux, un couteau, une fourchette, une gamelle, un paquet de pansements, un masque à gaz, un casque et deux sacs.
L'entraînement peut commencer. On leur attribue aussi un autre nom, pour que leurs familles restées en France ne soient pas inquiétées. Daniel Bouyjou devient Daniel Cordier. Il sera le bras droit de Jean Moulin dans la Résistance. Mais n'anticipons pas. Pour l'instant, Daniel vit ses premiers pas de soldat. Lever à 6 heures, marches de 30 à 40 kilomètres à travers des champs hérissés de chicanes et de barbelés. Les Anglais craignent un débarquement allemand.

Le 28 juillet, les sirènes retentissent. C'est la première alerte aérienne. À partir du 12 août, des nuées d'avions allemands survolent la région. La bataille d'Angleterre est commencée. Les avions Spitfires de la Royal Air Force anglaise font la chasse aux bombardiers Stuka de la Luftwaffe. Heureusement, les Anglais disposent de radars qui repèrent les ennemis à distance. Le 20 août, les Allemands ont déjà perdu 441 appareils.

**un trousseau** : les objets nécessaires à un militaire.

**attribuer** : donner.

**ne pas anticiper** : ne pas dire à l'avance ce qui va se passer.

**hérissé** : couvert.

**des chicanes** : des passages en zigzag qui protègent des tirs ennemis.

**des barbelés** : des fils de fer munis de pointes pour ne pas être franchis.

**des nuées** : un grand nombre.

**la Luftwaffe** : l'aviation allemande.

Le 7 septembre, Daniel profite d'une permission pour aller se promener à Londres. Lorsque les premières maisons de la capitale apparaissent, on entend des clameurs : « Le feu ! Le feu ! » Le ciel est en flammes. À la gare, des voyageurs expliquent calmement : « Un bombardement vient d'avoir lieu. Le port est en flammes. » Tout à coup, les sirènes hurlent. « Tous aux abris ! » hurle un policier. Dans les caves, le calme règne. Certains jouent aux cartes, d'autres lisent. Quand l'alerte cesse trois heures plus tard, chacun découvre des maisons en ruine sous une pluie de cendres.

**une permission :** un congé de quelques jours pour un militaire.

**une clameur :** de grands cris.

**songer :** penser.

**clandestin :** qui est fait en cachette.

**la Gestapo :** la police secrète allemande.

**traquer :** poursuivre sans relâche.

**du cyanure :** un poison violent et mortel.

L'entraînement se poursuit. En juin 1941, Daniel songe qu'il est arrivé il y a un an en Angleterre. Les Allemands viennent d'attaquer la Russie. Daniel s'impatiente : « Quand vais-je enfin me battre ? »

Le dimanche 13 juillet 1941, il rencontre le colonel Passy, le chef des services secrets de la France Libre, au 10 Duke Street.

« On me dit que vous êtes volontaire pour accomplir des missions en France ?

– Oui, mon colonel, répond Daniel.

– La guerre clandestine n'est pas celle que vous croyez, le met en garde le colonel Passy. Vous serez seul. Il vous sera interdit de revoir vos amis et votre famille. La police française et la Gestapo allemande vous traqueront jour et nuit. Si vous êtes arrêté, vous n'aurez pas les protections accordées aux militaires. Vous porterez sur vous une capsule de cyanure que vous prendrez pour éviter les tortures. Vous avez 19 ans. Que décidez-vous ?

– Je suis venu me battre, répond Daniel. Je n'ai pas changé d'avis. »

## En France occupée

Pendant ce temps, en France, la situation est de plus en plus difficile pour la population. Un million cinq cent mille soldats français ont été faits prisonniers et envoyés en Allemagne. La France est coupée en deux par la « ligne de démarcation » : au Nord, le pays est occupé par les troupes allemandes. Au Sud, la zone est dite « libre ». On ne peut franchir la ligne qu'avec des laissez-passer allemands, les Ausweis.

**un laissez-passer :** un document permettant d'entrer dans un territoire.

Le maréchal Pétain, installé en zone libre dans un grand hôtel de Vichy, a mis fin à la République. Il a serré la main de Hitler à Montoire. À cette occasion, il a déclaré : « J'entre aujourd'hui dans la voie de la collaboration avec l'Allemagne. »

**la collaboration :** politique de coopération avec l'ennemi pendant l'occupation de la France par les Allemands.

Les mois passent et la nourriture se fait rare dans les villes. Devant les boutiques, les ménagères attendent plusieurs heures, dans l'espoir d'acheter quelque chose à manger. Au menu du soir, il faut souvent se contenter d'une soupe de haricots ou de rutabagas. Des gens ramassent de l'herbe dans les parcs pour élever des lapins dans leur baignoire. On coupe les arbres des jardins publics pour en faire du feu. Les enfants portent aux pieds des semelles de bois ou des sabots.

**une ménagère :** une femme qui s'occupe de sa maison.

**un rutabaga :** une variété de navet à la chair jaunâtre.

La situation est encore pire pour la population juive, qui est soumise à des lois antisémites. Les mamans juives n'ont le droit de faire leurs courses qu'entre 3 et 4 heures de l'après-midi, quand les magasins sont vides. Les biens des Juifs les plus

**juif :** qui a le judaïsme comme religion.

riches sont pillés. On interdit aux enseignants et aux médecins juifs d'exercer leur métier.

**exercer :** faire.

**être révolté :** éprouver de la colère, de l'indignation.

Jean Moulin est révolté. Il n'est plus préfet depuis qu'il a été chassé de ses fonctions sur ordre de Pétain. Il décide donc de quitter Chartres. Avant de partir, il prend ses précautions et se fait établir une fausse carte d'identité au nom de Joseph Mercier. Puis il déménage dans un petit village de Provence. Il se pose constamment une question : « Comment agir ? »
En décembre 1940, sa décision est prise, il ira en Angleterre. Le 7 février 1941, Jean Moulin se rend à Cagnes-sur-Mer, en bordure de la Méditerranée. Il va voir le commissaire de police de la ville, qu'il connaît bien. Celui-ci accepte de

lui établir un faux passeport et un visa de sortie autorisant « Monsieur Mercier à rejoindre les États-Unis par l'Espagne et le Portugal. » Mais il faut attendre le bon moment pour fuir. Il se prépare. Jean Moulin rassemble tout l'argent dont il dispose, il découpe la poignée de sa valise, y glisse son ancienne carte de préfet, et recoud la poignée. Il passe enfin la frontière espagnole le 9 septembre 1941. Le 11, il est à Lisbonne au Portugal. Mais la météo est mauvaise. Le 19 octobre enfin, « Monsieur Mercier » prend place à bord d'un hydravion qui le conduit en Angleterre.

**un visa :** un cachet apposé sur un passeport qui permet de sortir d'un pays et d'entrer dans un autre.

**un hydravion :** avion conçu pour se poser sur l'eau et en décoller.

## Au service du général de Gaulle

À son arrivée, Jean Moulin est interrogé par les services secrets anglais qui veulent s'assurer qu'il n'est pas un espion allemand. Le 25 octobre, il est reçu par le général de Gaulle dans son bureau à Londres, siège de la France libre. Jean Moulin décrit la situation en France. Il raconte les entretiens qu'il a eus avec certains responsables de groupes de résistants. Puis il explique l'état des mouvements de résistance qui ont besoin d'armes et d'argent. De Gaulle l'écoute avec attention. Au bout de deux heures, il l'invite à déjeuner. À la fin du repas, Jean Moulin rappelle qu'il n'a quitté la France que pour y revenir :

**s'assurer :** vérifier.

« C'est en France occupée qu'il me faut travailler, dit-il.
– C'est parfait, répond de Gaulle. Je vous confie deux missions : me représenter auprès des chefs de la Résistance et leur remettre de l'argent pour les aider dans leur tâche. »

Le retour en France ne peut s'effectuer que de nuit, par largage depuis un avion. Jean Moulin n'a encore jamais sauté en parachute : il doit apprendre au plus vite. Un matin, à 7 heures, un instructeur anglais le fait grimper tout en haut d'une plate-forme. Assis au bord, les jambes pendantes, Moulin regarde en bas. Il a le vertige. Sur l'ordre de l'instructeur, il saute dans le vide et atterrit sur un matelas. Le lendemain, c'est le premier saut depuis un avion. Le vieux bimoteur a du mal à décoller. Il s'élève dans un bruit de ferraille et une odeur écœurante d'huile, jusqu'à 2 000 mètres. Là, il faut se lancer dans le vide par la trappe. Jean Moulin hésite. Il se lance. La chute est rapide avant que la toile ne s'ouvre. Moulin se balance doucement dans le silence. Il touche le sol en douceur. Les jours suivants, les sauts sont de plus en plus bas, car en France, il faudra agir vite, sans se faire repérer. L'entraînement continue. Jean Moulin doit savoir envoyer des messages secrets en morse, « titititatata », coder et décoder des lettres, écrire en signes invisibles avec du citron. Il lui faut connaître le maniement des armes et des explosifs…

1er janvier 1942. Le grand jour. Jean Moulin s'envole en compagnie de deux autres résistants. Ils sont vêtus d'une combinaison vert et noir et de

**s'effectuer :** avoir lieu.

**un largage :** un saut depuis un avion.

**un instructeur :** un officier chargé de former les nouvelles recrues.

**le vertige :** la peur que l'on ressent lorsque l'on est au-dessus du vide.

**un bimoteur :** un avion muni de deux moteurs.

**hésiter :** ne pas être sûr de soi.

**le morse :** le code télégraphique qui représente chaque lettre par un ensemble de sons longs ou brefs.

bottes de caoutchouc. Ils emportent chacun un revolver, un couteau, une lampe de poche, des repas concentrés et une capsule de cyanure. Jean Moulin, dont le nom de guerre est Rex, emporte aussi 3 millions de francs (environ 500 000 €) destinés aux mouvements de résistance. Un soldat anglais attache les parachutes. Les trois hommes montent dans l'avion. Les moteurs vrombissent, l'appareil roule sur la piste, secouant tout le monde. Il décolle d'un coup et une lumière rouge s'allume. En plein ciel, le froid saisit. Soudain, la lumière s'éteint et des éclairs illuminent la carlingue. Des projectiles explosent tout autour, tirés par la défense allemande. L'avion plonge, remonte brutalement, est secoué en tous sens. Mais il finit par s'éloigner du danger. Le voyage se poursuit sans encombre. Au-dessus du point d'arrivée, la lumière rouge du plafonnier passe au vert. « Go » dit le copilote. Jean Moulin saute. À 3 heures 30 du matin, il pose le pied en France.

**concentré :** dont on a éliminé l'eau pour être plus facilement transportable.

**vrombir :** faire entendre un ronflement vibrant.

**la carlingue :** la partie de l'avion où se trouve le poste de pilotage.

**sans encombre :** sans ennui.

## Missions secrètes

Rex installe son QG secret à Lyon, la grande ville de la zone dite « libre ». Il entre en contact avec les chefs de la Résistance et leur distribue l'argent de Londres pour qu'ils s'organisent. Moulin rêve de les unir sous l'autorité du général de Gaulle. Mission difficile. Henri Frenay, un militaire chef du groupe Combat, ne s'entend pas avec Emmanuel d'Astier, journaliste, chef de Libération Sud, ni avec Jean-Pierre Lévy, représentant de commerce, chef du groupe Francs-Tireurs. Les uns et les autres veulent rester maîtres de leurs troupes.

**QG :** abréviation de Quartier Général.

Le dimanche 26 juillet 1942, Daniel Cordier, qui était toujours en Angleterre, est parachuté dans le centre de la France. Il reste une nuit caché par de braves gens, puis il est pris en charge par une étudiante, Claudine, agent de liaison de la France libre. Claudine le conduit en train jusqu'à Lyon et le cache chez une dame. Daniel porte dans sa valise un poste émetteur-récepteur. Il le cache sous le lit de sa chambre. Le 29 juillet, un résistant se présente : « Le patron veut vous voir. Rendez-vous demain à 2 heures de l'après-midi, place Bellecour, sous la statue de Louis XIV. Je vous conduirai. »
À l'heure dite, sans un mot, l'agent de la Résistance

**être pris en charge :** être aidé par une personne qui s'occupe de tout.

**un agent de liaison :** pendant la guerre, une personne qui transmet des messages ou met en relation différents résistants.

fait signe à Daniel de le suivre. Ils montent des escaliers, empruntent des passages, entrent dans un immeuble avec une double sortie. Au 2e étage, l'agent sonne trois coups. Une dame ouvre. Elle traverse un salon, pousse la porte d'une chambre meublée d'un lit, d'une table, d'une chaise et d'un fauteuil. Un homme est assis à la table. C'est Rex, qui se lève et tend la main à Daniel. Il lui demande :

« Avez-vous fait bon voyage ? »

Daniel sort de sous son pull-over une grosse enveloppe apportée de Londres. Elle contient de l'argent. Il la remet à Rex qui la cache dans le double-fond d'une poubelle.

« Rejoignez-moi à 7 heures au restaurant Garet », dit Rex.

Rex aime donner ses rendez-vous dans de petits restaurants car la police y effectue rarement des descentes. Jean Moulin interroge Daniel sur sa vie. À la fin du repas, il lui dit :

« Je vous garde avec moi. Votre nom de code sera Alain. Votre travail consiste à aller chercher les courriers clandestins dans des boîtes aux lettres que nous prêtent des sympathisants. Veillez à n'être pas suivi. Vous déchiffrerez ces messages codés et me les porterez. Dans les lieux publics, faites attention à ne pas être écouté si vous vous

**emprunter** : prendre.

**un double-fond** : un espace creux situé entre le fond intérieur et le fond extérieur d'un objet, et qui sert de cachette.

**une descente** : pour la police, le fait d'arriver sans prévenir dans un lieu pour effectuer des contrôles ou arrêter des gens.

**un sympathisant** : quelqu'un qui soutient l'action de la Résistance.

adressez à un contact. Ne posez pas de questions. Ne téléphonez pas. Ne communiquez jamais plus de 20 minutes par radio avec Londres, car vous seriez repéré. À demain, 7 heures, à mon domicile, 72, rue de la Charité. Vous êtes le seul à connaître cette adresse. »

**un contact :** une personne qui sert d'intermédiaire.

## Le Conseil national de la Résistance

1942. Sur les fronts de la guerre, la situation militaire change. Hitler n'est plus invincible. Les Russes bloquent les Allemands à Stalingrad. Les Anglais repoussent les troupes de Rommel à El-Alamein dans le désert d'Afrique du Nord. Les États-Unis, entrés dans la guerre en décembre 1941, débarquent le 8 novembre 1942 en Afrique du Nord. En réaction, les Allemands envahissent la zone Sud de la France.

La Gestapo est partout. Comment circuler en ville sans être fouillé ? Jean Moulin multiplie pourtant les rendez-vous avec les chefs de la Résistance. Maintenant, il se fait appeler Max. L'activité est incessante, jour et nuit, presque sans repos. Il faut aider les jeunes qui se regroupent dans des maquis pour ne pas être envoyés travailler en Allemagne. Il faut cacher les Juifs pour qu'ils ne soient pas déportés dans des camps de concentration.

Jean Moulin doit retourner en Angleterre pour faire un point avec de Gaulle. Le départ est prévu en décembre 1942. Moulin patiente quinze jours près d'un terrain d'atterrissage. Mais l'avion ne vient pas car la météo est mauvaise. Puis il attend au bord d'une crique sur la Côte d'Azur. Mais le sous-marin qui doit l'emporter se trompe

**Rommel** : maréchal allemand.

**incessant** : qui ne s'arrête jamais.

**le maquis** : pendant la Seconde Guerre mondiale, lieu difficilement accessible où se regroupent les résistants pour organiser la lutte clandestine contre l'occupant.

**être déporté** : être envoyé et emprisonné dans un camp de concentration.

**un camp de concentration** : un terrain gardé militairement dans lequel on emprisonnait et on exterminait les Juifs.

de baie. Moulin peut enfin décoller le 14 février 1943 à 2 heures du matin. Une surprise l'attend à Londres : le général de Gaulle le décore de la plus haute distinction de la France Libre : Compagnon de la Libération.

**une baie :** une échancrure de la côte où se mettre à l'abri.

À son retour en France, Jean Moulin annonce à Daniel : « Je suis désigné comme seul représentant du général de Gaulle pour toute la France. Le général m'a demandé d'unifier les groupes de résistance et d'éviter qu'ils ne déclenchent trop tôt des insurrections. Ils croient tous que le débarquement sera pour l'été 1943. Ils ont tort. Les Alliés ne seront pas prêts avant l'année prochaine. En attendant, si les résistants s'agitent, ce sera un massacre. »

**une insurrection :** un soulèvement armé.

Daniel confirme les craintes de Max : « Ici à Lyon, douze résistants viennent d'être arrêtés. Des archives secrètes ont été saisies par la police française qui les a transmises à la Gestapo. Y étaient notés les noms des chefs de régions. Il faut redoubler de prudence. Mais les actions continuent : un résistant m'a raconté qu'il était caché sur le bas-côté d'une route où devait passer un camion allemand. Quand il est passé, il s'est jeté sous l'arrière du véhicule et y a placé un explosif. Le camion a sauté peu après. »

**redoubler de prudence :** être encore plus prudent.

**une planque :** un lieu où se cacher *(langage familier)*.

Max écoute sans rien dire, puis il annonce : « Nous allons nous établir à Paris pour développer nos contacts avec les résistants de la zone Nord. Préparez des planques dans la capitale. »

**le marché noir :** la vente clandestine au prix fort de produits devenus rares pendant la guerre.

Daniel prend le train pour Paris. Il découvre une ville couverte de poteaux indicateurs en allemand. Il s'étonne que les théâtres fassent le plein de spectateurs, que les restaurants chics soient complets. C'est l'argent du marché noir.

Daniel réussit à trouver des planques sûres et, le 31 mars, Max peut s'installer sous le nom de Jacques Martel dans un atelier d'artiste.

Max ne perd pas de temps. Il rencontre tous les chefs de la Résistance française, les dirigeants politiques opposés à Pétain et les chefs des syndicats clandestins. Le 27 mai 1943, à 2 heures de l'après-midi, Daniel et deux autres résistants sont postés aux stations de métro les plus proches de l'église Saint-Germain-des-Prés. Ils sont chargés de conduire vingt responsables importants de la Résistance, par groupes de deux, au 48 de la rue du Four.
La réunion se tient au 1er étage. Elle dure deux heures, ce qui est long et risqué. À la sortie, Jean Moulin dit à Daniel, qui l'attend : « C'est fait, le Conseil national de la Résistance est créé. »

## Jean Moulin arrêté

Le 28 avril 1943, un résistant du nom de Jean Multon est arrêté par la Gestapo à Marseille. Par peur de la torture, il trahit ses compagnons. Plus d'une centaine d'entre eux sont arrêtés. Le chef de la police allemande, Klaus Barbie, décide de l'employer à Lyon. Multon y découvre l'adresse d'une « boîte à lettres », l'endroit

**la torture :**
le supplice physique infligé à une personne pour l'obliger à donner des informations.

où les résistants déposent leurs messages. Les nazis surveillent cette boîte. Un jour, ils y trouvent un message non codé qui fixe un rendez-vous au chef de l'Armée secrète, le général Delestraint. Le 9 juin à 9 heures du matin, celui-ci est arrêté à Paris. Torturé, il ne parle pas. Il est expédié dans un camp de concentration où il est exécuté.

Il faut agir vite pour réorganiser l'Armée secrète. Jean Moulin donne rendez-vous à plusieurs responsables de la Résistance dans une maison de Caluire, près de Lyon. La couverture est bonne, c'est le cabinet médical d'un docteur.
Le 21 juin 1943, les premiers résistants arrivent. La servante du docteur les conduit au 1er étage. Jean Moulin et deux résistants arrivent avec une demi-heure de retard. Ils sont installés dans le salon d'attente du rez-de-chaussée. Se présente aussi un homme, René Hardy, chef des sabotages des chemins de fer au groupe Combat, que Moulin n'avait pas convoqué.
À 15 heures, trois Traction avant noires s'arrêtent dans un crissement de pneus. Dix hommes en surgissent. Ils sont commandés par Klaus Barbie. Ils entrent dans le cabinet médical et embarquent tout le monde, y compris les malades et le médecin. Ils sont tous emmenés dans un centre

**un nazi :** un membre ou un sympathisant du parti dirigé par Hitler qui prônait la supériorité de l'Allemagne, le racisme et l'antisémitisme. Le terme « nazi » est l'abréviation de l'allemand « national-sozialistisch » (national-socialiste).

**expédié :** envoyé sans ménagement.

**une Traction avant :** une voiture de la marque Citroën, très célèbre à l'époque. Ses roues avant étaient motrices, d'où son nom.

**embarquer :** arrêter *(langage familier)*.

d'interrogatoire de la Gestapo, puis au fort de Montluc. Tous sauf René Hardy qui parvient curieusement à s'échapper. Serait-il le traître qui a donné à Barbie le lieu de la réunion ?
Max n'est pas identifié tout de suite. Il a pris la précaution de se munir d'une ordonnance médicale. Un des résistants finit par parler sous la torture. Max est alors aussitôt torturé. Puis il est emmené à Paris pour être de nouveau interrogé. Il a subi tellement de coups qu'il n'est plus conscient. Les Allemands l'envoient à Berlin, mais il meurt dans le train. Il n'a pas parlé. Quand il apprend l'arrestation de son chef, Daniel Cordier est effondré. Mais la lutte clandestine continue. Daniel, héros inconnu, échappera à la mort.
Grâce aux efforts de Moulin et au courage des hommes de l'ombre, les forces de la Résistance, unies sous le nom de FFI, participent aux combats de la Libération. Les troupes alliées débarquent sur les plages de Normandie le 6 juin 1944. Les FFI sabotent les voies de chemin de fer pour bloquer les mouvements de troupes allemandes. En août 1944, Paris est délivré. De Gaulle entre le 25 août dans la capitale : « Paris martyrisé ! Mais Paris libéré ! » annonce-t-il à l'Hôtel de ville. Vingt ans plus tard, en 1964, les restes de Jean Moulin sont transférés au Panthéon, là où sont les tombeaux des grands hommes de la patrie.

**être effondré** : être profondément touché et perdre son énergie.

**FFI** : Forces Françaises de l'Intérieur, nom donné en 1944 à tous les groupements militaires de la Résistance intérieure française.

**saboter** : détruire des installations pour gêner l'ennemi.

Alain Dag'Naud

# Ah ! La belle vie

Illustré par Simon Kroug

## En voiture

« Allez les enfants, dites au revoir à papa et maman et grimpez dans la voiture ! Nous avons plusieurs heures de route avant d'arriver au bord de la mer. »

Annie est une grand-mère attentive. Elle a veillé à ce que tout soit prêt pour les vacances de Margot et Ethan, âgés de dix et sept ans. La valise des enfants a été placée dans le coffre de la vieille Deux Chevaux Citroën jaune. Annie et Claude, son mari, ne peuvent se passer de cette voiture.

**la Deux Chevaux (2 CV) :** une voiture produite après la Seconde Guerre mondiale par la marque Citroën, et destinée aux classes populaires.

« Nous l'avons achetée il y a trente ans, précise le grand-père. Elle roule bien, même si on est secoué dedans. Je l'appelle ma dedeuche ! »

Les enfants montent à l'arrière.

« Ça nous change de notre voiture moderne, avec des sièges rembourrés et des vitres électriques ! s'écrie Ethan.

**toussoter :** faire des petits bruits secs avant le démarrage.

– Mais ce sera plus amusant… », ajoute Margot. Claude tourne le démarreur. Le moteur toussote deux fois, puis lance un ronron rassurant.
« Voici le programme, annonce Annie. D'abord, nous passerons par l'école chercher l'imperméable oublié par Margot. Ensuite, nous roulerons vers la Normandie. En cours de route, nous ferons halte chez grand-mamie. Puis à nous les vacances ! »

« Nous allons d'abord faire le plein d'essence, dit Claude. Savez-vous, les enfants, que, dans les années 1950, il y avait très peu de stations-service sur les bords des routes ?
– Comment faisait-on alors ? demande Margot.
– Il fallait emporter des bidons d'essence pour éviter la panne sèche en pleine campagne, explique Claude. Tout, alors, était différent. Il n'y avait pas de limitation de vitesse, mais les voitures roulaient au maximum à 100 ou 120 km/h.
– Comme ta 2 CV, grand-père ! » remarque Ethan.
Claude entre dans une station. Il tourne péniblement le volant et freine brutalement devant la pompe.

**ABS :** abréviation de « antiblocage de sécurité ».

« Ta vieille voiture n'a pas de direction assistée ni de système ABS de freinage comme celle de papa ! s'exclame Ethan, qui aime la mécanique.
– Tu as raison. C'est pourquoi nous roulerons prudemment », répond Claude, un peu vexé.

La voiture roule sur une route en mauvais état. Margot et Ethan rient d'être ainsi secoués.
« Comment étaient les routes autrefois, quand il y avait moins de voitures ? demande Margot.
– Elles étaient souvent pleines de trous comme celle-ci, explique Claude. La nuit, la conduite était difficile car il n'y avait pas de bandes blanches peintes sur les bords et au milieu de la chaussée. De jour, les carrefours étaient dangereux ; ils n'ont été équipés de feux tricolores qu'à partir de 1965. Il n'y avait pas de panneaux lumineux pour informer sur l'état des routes.
– La première autoroute, celle du Sud qui va de Paris vers Lyon, a été construite en 1960 seulement. Il fallait voir les énormes bulldozers qui travaillaient sur ce chantier ! Des collines ont été coupées et des tunnels creusés », précise Annie.
« Tuut ! Pouêt ! » C'est une voiture qui klaxonne pour doubler la 2 CV.
« Vas donc, eh conducteur du dimanche ! » crie le conducteur impatient.

Claude met son clignotant qui fait « clap, clap ». On est arrivé devant l'école. Claude cherche une place pour se garer.
« À cette époque, le stationnement devait être plus facile ! ironise Ethan.

– Tu as raison ! répond Claude. Les voitures se garaient n'importe où. Le stationnement payant avec des parcmètres n'est apparu qu'au début des années 70. Ah, voici une place ! Allons chercher l'imperméable de Margot. »

### Arrêt à l'école

Margot demande à la gardienne de l'école si elle peut montrer sa classe à ses grands-parents.
« Bien sûr ma chère petite ! dit-elle. Il n'y a pas cours, vous pouvez y aller ! »
Annie regarde les bâtiments neufs, peints de couleurs joyeuses, bleu, jaune, rouge.
« Ce n'était pas aussi agréable de mon temps, remarque-t-elle. Les bâtiments anciens étaient gris et tristes. Des classes construites à la va-vite, en préfabriqué, avaient été ajoutées car il y avait de plus en plus d'élèves.
– Pourquoi ? interroge Margot.
– Parce qu'après la guerre, les soldats sont revenus d'Allemagne, les gens étaient heureux et ils ont fait des enfants. C'est ce que l'on a appelé le "Baby boom", le boom des bébés. »

**à la va-vite :** rapidement et mal.

**préfabriqué :** éléments fabriqués en usine pour être assemblés sur un chantier en gagnant le plus de temps possible.

« Aimez-vous l'école ? demande Claude à ses petits-enfants.
– Oui ! répond Margot sans hésiter.

– Je préfère les vacances ! » dit Ethan en faisant la grimace.
Annie se dirige vers un coin de la cour, là où sont les toilettes. Quand elle en ressort, elle est tout étonnée :
« Les WC de mon école étaient sombres et sales ; ils ne fermaient pas. J'étais obligée de demander à une amie de me tenir la porte.
– Venez ! dit Margot, je vais vous montrer le restaurant.
– Restaurant ? demande sa grand-mère, surprise. On disait autrefois “cantine”. Y manges-tu bien ?
– Oui, nous avons le choix entre plusieurs plats, quatre entrées, quatre plats chauds et quatre desserts. C'est une diététicienne qui choisit des aliments équilibrés pour notre santé.
– Plusieurs plats ? s'exclame Annie. Quand j'avais ton âge, nous n'avions pas le choix. Un jour, c'était boudin et pois cassés, un autre poulet avec des choux.
– Si tu n'aimais pas, que faisais-tu ? s'inquiète Ethan.
– À la récréation, je me régalais de friandises comme les carambars au caramel et les roudoudous sucrés en forme de coquillages.
– Voici ma classe ! dit Margot en poussant fièrement une porte.

**une diététicienne :** une spécialiste de l'alimentation qui établit des repas équilibrés.

– Elle est belle et lumineuse, constate Claude. Je me souviens, ajoute-t-il, que nous avions un seul poêle de fonte avec un grand tuyau pour chauffer la pièce. L'hiver, nous avions froid. Notre instituteur montait sur une estrade pour faire cours. Il nous dominait. Quand un élève ne suivait pas, il le faisait venir à son bureau et lui tapait sur les doigts avec une règle. Si un garçon faisait du chahut, il le mettait au coin, debout les mains derrière le dos, pendant une heure. L'instituteur nous donnait aussi des "colles", c'est-à-dire qu'il nous obligeait à rester après les cours ou le jeudi, qui était notre jour de congé. Il nous imposait aussi des lignes à recopier.

– C'était le bagne ! s'écrie Ethan.

– Mais les bons élèves étaient récompensés, poursuit Claude. Il y avait des notes de 0 à 20. En fin d'année, les meilleurs recevaient des prix, souvent des livres. »

**un poêle :** un appareil de chauffage fermé alimenté par du bois, du charbon ou du mazout.

**une estrade :** une plate-forme en bois sur laquelle était situé le bureau du maître de la classe.

**du chahut :** agitation bruyante qui dérange la classe.

**le bagne :** situation très pénible et contraignante.

Annie caresse de la main le plateau d'une table. « Je repense, dit-elle, à nos pupitres de bois. Ils étaient couverts de taches d'encre car nous écrivions avec un porte-plume. Pour éviter les pâtés, nous séchions l'encre avec des buvards. L'usage du stylo à bille n'a été autorisé qu'en 1965 ! » Puis elle se tourne vers le bureau du maître : « Les garçons n'étaient pas dans les mêmes

**un pupitre :** un bureau au plateau incliné.

**un pâté :** une grosse tache d'encre.

écoles que les filles. Nous portions toutes une blouse grise. Dès que la cloche retentissait, à huit heures du matin, nous nous mettions en rang par deux devant la porte, sans faire de bruit. Et nous entrions dans la classe. Nous étions trente-cinq ou quarante. Nous restions debout à notre table en attendant que l'institutrice nous dise de nous asseoir. Elle écrivait sur le tableau noir la date du jour. Sa craie crissait souvent au point de nous faire mal aux dents. Le soir, nous repartions avec notre cartable à la main car les sacs à dos n'existaient pas. C'était ma jeunesse. »

Margot voit que la pensée de sa grand-mère vagabonde dans un autre temps. Elle lui tapote le bras :

**vagabonder :** être ailleurs.

« Viens mamie, la route des vacances nous attend. »

## En cours de route

La petite 2 CV jaune démarre au quart de tour. Elle roule un moment avant de s'engager sur une voie importante. C'est la route nationale 7 qui se dirige vers Paris.

**au quart de tour :** du premier coup.

« Nous allons contourner Paris par le sud, explique la grand-mère, puis prendre la route vers l'ouest. Regardez, nous passons à côté de l'aéroport d'Orly. Il était en construction quand j'avais votre âge. Il a été inauguré en 1961 par le général de Gaulle qui était président de la République. Les gens venaient de loin le dimanche pour visiter cet aéroport et espérer croiser des stars. On allait sur la terrasse regarder les avions décoller. C'était un rêve car les voyages en avion étaient trop chers pour la plupart d'entre nous. » Claude précise : « Au début, il n'y avait que des avions à hélices comme le Superconstellation. Puis furent créés des avions à réaction. À Orly, on voyait des Caravelle, qui avaient deux réacteurs à l'arrière, et des Boeing avec quatre réacteurs sous les ailes. Aujourd'hui, le principal aéroport est celui de Roissy, au nord de Paris. Sa première piste a été ouverte en 1974, quand Georges Pompidou était président. »

**une star :** vedette du cinéma ou de la chanson.

« À propos, les enfants, connaissez-vous les noms des présidents de la République depuis la fin de la Seconde Guerre mondiale ? demande Annie.
– Non ! s'exclament en cœur Margot et Ethan.
– Il y a eu Vincent Auriol, René Coty, Charles de Gaulle de 1959 à 1969, Georges Pompidou, Valéry Giscard d'Estaing, François Mitterrand de 1981 à 1995, Jacques Chirac et Nicolas Sarkozy. Ils ont tous voulu moderniser la France. Regardez sur votre droite ces grands ensembles d'immeubles. À leur place, il y avait des champs qui

s'étendaient jusqu'aux portes de Paris. On y élevait des volailles, on y cultivait des tomates, des haricots, des pommes de terre qui étaient vendus aux Halles installées en plein cœur de Paris. Ces Halles ont été détruites au début des années 1970 pour être transférées dans un grand marché à Rungis, au sud de la capitale.

**les Halles :** marché de Paris.

– Papy, demande Margot, comment s'appellent ces tours là-bas ?

– C'est le quartier de la Défense avec tous ses gratte-ciel. »

**un gratte-ciel :** un immeuble très élevé, une tour.

Sous le regard des enfants, le spectacle est fascinant avec les tours et le métro qui franchit la Seine. Claude poursuit son explication :

« Il n'y aurait jamais eu ces gratte-ciel sans l'invention dans les années 1970 des ascenseurs rapides qui montent de 200 mètres en trente secondes, des trottoirs roulants, des escalators pour sortir rapidement des RER qui desservent le quartier. »

« Ma maîtresse dit que nous sommes dans la course à la vitesse, note Margot.

– C'est vrai, remarque Claude. J'ai connu par exemple les trains tirés par des locomotives à vapeur. Elles dégageaient une fumée incroyable, mais elles roulaient en moyenne à 100 km/h. Puis il y a eu les locomotives électriques qui dépassaient les 150 km/h.

– J'ai pris le TGV, l'interrompt Ethan. Il a atteint 350 km/h. Ta dedeuche reste loin derrière !
– Accrochez-vous, dit Claude, nous accélérons ! »

**TGV :** train à grande vitesse.

### Une halte chez grand-mamie

Trois quarts d'heure plus tard :
« Nous voici sortis des embouteillages de Paris, constate Mamie Annie. Nous allons rendre visite à votre arrière-grand-mère. Elle va avoir quatre-vingt-dix ans. Autrefois, peu de gens parvenaient à cet âge, mais la médecine a fait de grands progrès, avec notamment la pénicilline et les vaccinations. Votre arrière-grand-mère est en pleine forme, comme vous le verrez. Elle est juste un peu sourde. Il y a longtemps que vous ne l'avez pas vue. Vous souvenez-vous d'elle ?
– Pas vraiment ! » reconnaît Margot.
La voiture quitte la nationale. Au bout d'une route bordée d'arbres, apparaît une vieille et vaste maison, avec un perron dominé par une véranda. « C'est là ! » s'écrie Annie.
La voiture s'arrête. Annie va sonner à la porte. Une vieille dame apparaît.
« Mes chers petits, que je suis contente de vous voir ! Entrez ! »

**un embouteillage :** un gros encombrement sur la route qui oblige les automobilistes à rouler au pas. On parle aussi de « bouchon ».

**la pénicilline :** antibiotique extrait d'un champignon microscopique et qui soigne les infections.

**la vaccination :** le fait d'injecter un produit à une personne pour la protéger de certaines maladies.

**un perron :** escalier extérieur qui conduit à une maison.

**une véranda :** pièce vitrée accolée à une maison.

**des patins :**
pièces de feutre que l'on utilisait pour se déplacer sur les parquets vernis sans les rayer.

**des chenets :**
supports métalliques qui servent à poser les bûches dans la cheminée.

**trôner :**
être placé bien en évidence, être mis en valeur.

Margot et Ethan entrent dans une pièce où rien ne semble avoir changé depuis un demi-siècle. Le papier peint aux murs et, sur le sol en parquet, des patins. Les enfants s'amusent à glisser dessus. Une cheminée occupe le milieu du mur du salon. Des bûches de bois restent sur les chenets. Sur un buffet trône une grosse pendule qui sonne les heures. La vieille dame sort un grand mouchoir en tissu brodé, souffle dedans vigoureusement et le replie.

« Eh oui ! Je ne me suis pas habituée aux mou-

choirs jetables en papier, dit-elle. Vous trouvez sans doute que tout ici est dépassé.
– Non ! répond Margot gentiment.
– Mais si, mais si. Et vous avez raison, je vis comme en 1950. J'ai quand même fait installer le chauffage central et une salle de bains. Pour nous laver, nous installions une cuvette dans la cuisine, faisions chauffer un peu d'eau chaude que nous mélangions à l'eau froide du baquet, et nous y plongions à croupetons. Heureusement, on se lavait peu. Une fois par semaine "à fond" comme on disait. La toilette quotidienne se réduisait au visage et aux mains.
– Cela me conviendrait bien ! » s'exclame Ethan.
Grand-mamie continue à évoquer ses souvenirs des années d'après-guerre :
« Nous devions aller chercher l'eau à la fontaine ou au puits. C'était une corvée car les seaux étaient lourds. Les WC étaient au fond du jardin, dans une cabane et sans chasse d'eau. Nous nous servions de papier journal accroché à un clou. Pour nous chauffer dans la maison, nous n'avions qu'un poêle à charbon et la cheminée qui enfumait et noircissait tout. La chambre était glacée l'hiver. Nous nous enfouissions sous nos édredons et nous gardions des bonnets sur la tête. Nos matelas étaient en laine qui formait des

**à croupetons :** en position accroupie.

**quotidien :** de tous les jours.

**une corvée :** travail pénible et fatigant.

**s'enfouir :** s'enfoncer profondément sous quelque chose.

**un édredon :** enveloppe de tissu garnie de duvet que l'on posait sur les couvertures pour avoir chaud.

boules inconfortables. Je les ai changés pour des matelas à ressorts ! Vous voyez que moi aussi je suis moderne ! »

Claude s'impatiente, Ethan est parti jouer dans un coin, mais Margot écoute. Son arrière-grand-mère en profite :

« L'été, nous n'avions pas de frigo pour conserver les aliments. Je les mettais à la cave, dans un garde-manger. Mais on ne pouvait rien conserver. Je n'ai eu un réfrigérateur qu'en 1962. Je m'en souviens bien, c'était l'année où la France avait fait exploser sa première bombe atomique. C'était aussi la fin de la guerre en Algérie.

**un garde-manger :** petit placard grillagé qui permettait de conserver des aliments au frais.

– Est-ce que l'Europe était faite à ce moment ? s'interroge Margot.

– Elle s'est constituée en 1958, au traité de Rome ! Puis nous avons eu une monnaie unique, l'euro ; il a remplacé le franc en 2002, répond la grand-mamie qui ajoute : Vous voyez que j'ai encore une bonne mémoire. »

## Au grenier

« J'ai une surprise pour vous ! annonce la vieille dame. Suivez-moi ! »

Elle prend sa canne et grimpe péniblement un escalier, accompagnée par Margot et Ethan. Annie et Claude préfèrent rester au salon.

**péniblement :** avec difficulté.

« Je vous emmène dans mon grenier. J'y ai conservé tous mes ustensiles des années 1950. »
Elle allume une lampe qui éclaire vaguement une grande pièce sous le toit, encombrée de malles. Elle en ouvre une et en sort un vieux moulin à café.
« C'est avec cet instrument que l'on broyait le café. Je me pinçais les cuisses à chaque tour de manivelle. Depuis 1954, nous avons des moulins électriques. »
Puis elle extrait un fer à repasser tout noir.
« Je suis bien contente d'avoir un appareil à vapeur ! dit-elle, avant de prendre un presse-purée avec sa moulinette. Il fallait un quart d'heure d'efforts pour obtenir ce qu'un robot fait en trente secondes ! »
Puis elle sort un sabot de bois :
« Quand je pense, dit-elle, que mes parents marchaient avec ces sabots de bois qui faisaient mal aux pieds ! C'était dans les années 1920. Savez-vous, mes chers petits, que les semelles de caoutchouc ont été mises au point par l'inventeur des pneus, Charles Goodyear, au XIXe siècle ? Mais il a fallu attendre 1980-90 pour porter des baskets. »
Ethan ouvre une autre malle et en sort un curieux objet au long tube de verre.
« On dirait une lampe magique, constate-t-il.

**encombré :** rempli à tel point qu'il en devient difficile de se déplacer.

**une malle :** grand coffre en bois.

– C'est une lampe à pétrole. Elle nous a rendu de grands services quand nous avions souvent des coupures d'électricité. Elle était plus lumineuse que les bougies.
– Et ceci ? demande Margot.
– C'est mon vieux réveille-matin. Il faisait un tic-tac qui m'empêchait de dormir et sonnait à réveiller les voisins. Je l'ai remplacé par un radio-réveil il y a vingt ans, explique la vieille dame qui brandit une vieille poêle. J'ai raté tous mes plats avec cette poêle, explique-t-elle. Une fois sur le feu de la cuisinière, elle attachait les aliments qui cuisaient. Je l'ai remplacée par une au revêtement anti-adhésif. C'était en 1968, juste avant la révolte des étudiants en mai. Le temps des hippies qui partaient à l'autre bout du monde et des jeunes qui voulaient changer le monde pour plus de liberté. Vous en parlerez avec Annie. »

**un hippie :** dans les années 1960-1970, jeune personne qui refusait la société de consommation et qui prônait la non-violence et la vie en communauté.

Margot s'aventure vers des étagères encombrées d'objets. Elle prend un rasoir électrique qu'elle manque de faire tomber. La vieille dame a juste le temps de le récupérer :
« C'est le rasoir de mon défunt mari. Il en avait assez de se couper avec des lames. Il a donc acheté un rasoir électrique en 1960. J'aurais encore beaucoup de choses à vous montrer, mais vos grands-parents vont s'impatienter. Allons les rejoindre. »

**défunt :** décédé, mort.

Ethan et Margot descendent joyeusement l'escalier un peu raide et racontent leurs découvertes.
« Nous profitons d'un confort qu'il n'y avait pas autrefois, conclut Annie.
– C'est vrai, répond la grand-mamie, mais il y avait aussi des avantages : nous ne jetions rien, nous n'avions pas besoin de sacs plastiques qui polluent. Plutôt que de regarder la télé, nous discutions entre voisins. Nous lisions au coin du feu, nous jouions aux cartes ou à des jeux de société. Nous savions aussi être heureux. »
Grand-mamie est restée jeune. Annie, rassurée, sourit :
« Nous devons reprendre la route. Porte-toi bien. » Les enfants embrassent leur arrière-grand-mère et sautent dans la 2 CV.

## À l'hypermarché

La 2 CV ne passe pas inaperçue dans les rues de la ville voisine.
« Nous allons faire quelques courses dans ce centre commercial, annonce Claude qui ne tarde pas à s'impatienter car il ne trouve pas de place sur l'immense parking.
– En voici une ! » s'écrie Ethan.
Tous les quatre entrent dans l'hypermarché.

« Autrefois, ces grandes surfaces n'existaient pas. Elles se sont développées dans les années 1960, aux alentours des villes, quand les gens ont circulé de plus en plus en voiture. Les réfrigérateurs, puis les congélateurs ont permis de conserver la nourriture longtemps et donc de faire des provisions pour une semaine, explique Claude.
– Avant, précise Annie, nous allions faire nos courses tous les jours ou presque dans de petits magasins de proximité. Je me souviens des épiceries qui vendaient de tout, des tissus, des bonbons, des jouets… C'était l'épicier qui nous servait. Il nous appelait par notre prénom.
– Lorsque nous avions besoin de quelque chose, ajoute Claude, nous frappions à la porte d'un artisan. Le chapelier préparait et vendait des chapeaux sur mesure, le cordonnier proposait les chaussures qu'il avait fabriquées. »

**sur mesure :** fabriqué selon la taille de chaque client.

Grands-parents et petits-enfants passent devant le rayon des télévisions où brillent des dizaines d'écrans allumés.
« Mes parents viennent d'acheter un poste grand écran plat en trois dimensions, affirme Ethan. Je pourrai y regarder des DVD !
– Lorsque j'avais votre âge, dit Annie en caressant les mèches brunes de son petit-fils, pratiquement personne n'avait de télévision. Elle est

arrivée dans ma famille en 1956. C'était si rare que les voisins venaient à la maison et les gamins se regroupaient à la fenêtre pour voir ce spectacle. Il n'y avait qu'une chaîne et l'image en noir et blanc était un peu floue. Mais on était tous fascinés. En 1963, une deuxième chaîne a été lancée, puis une troisième en 1972. Les émissions étaient souvent interrompues par des pannes techniques. En ce cas, une speakerine paraissait pour nous faire patienter. C'était encore l'aventure. La télévision en couleurs n'a été généralisée que vers 1967. »

**fasciné :** captivé, émerveillé.

**une speakerine :** présentatrice qui annonçait les programmes.

Annie poursuit :
« Pour écouter de la musique, nous avions des tourne-disques. Le son était moyen, mais nous dansions avec plaisir sur les airs du Rock'n'roll, de Johnny Hallyday et des Beatles. C'était la mode yé-yé des années 1960. Votre arrière-grand-mère, que vous avez vue, détestait ces musiques. Elle préférait Charles Trenet. À chaque époque ses goûts !
– En quoi les microsillons étaient-ils différents de nos CD ? demande Ethan à son grand-père.
– Ils étaient beaucoup plus grands et plus fragiles, répond Papy, embarrassé et se grattant la tête. Leur mode de lecture était différent. Les CD ne sont arrivés que dans les années 1980-90. »

**la mode yé-yé :** dans les années 1960, musique qui s'inspirait des chansons anglo-saxonnes et utilisait l'onomatopée yé yé (yea yea).

**Charles Trenet (1913-2001) :** chanteur français dont les chansons à la fois poétiques et fantaisistes lui ont valu le surnom de « fou chantant ».

**un microsillon :** disque noir gravé de sillons extrêmement fins,qui tournait à la vitesse de 45 ou de 33 tours par minute.

Après avoir jeté un œil sur les nouveaux appareils photos numériques, si petits et légers par rapport aux anciens appareils, on fait halte au rayon des ordinateurs.

**faire halte :** s'arrêter.

« C'est la grande révolution technologique du XX$^{e}$ siècle. L'ordinateur a remplacé les calculatrices les plus puissantes et les machines à écrire, commente Claude. Grâce à une incroyable miniaturisation, on parvient aujourd'hui à assembler des mémoires gigantesques dans des appareils portables. »

Nos quatre joyeux vacanciers se dirigent ensuite vers le rayon alimentation. Ils y font quelques emplettes d'aliments sous vide, de bouteilles d'eau en plastique, d'assiettes en carton et de serviettes en papier. Puis ils sortent du magasin et reprennent la voiture. Il fait beau. Papy décide d'enlever la capote.

**des emplettes :** achats.

**la capote :** toile qui sert de toit à la voiture.

## Vive les vacances !

La 2 CV zigzague un moment pour trouver la sortie. Tout le monde est secoué, les enfants rient de bon cœur. Une musique se fait entendre. C'est le téléphone portable de Margot. Pendant que la petite répond à une amie, mamie évoque ses souvenirs du téléphone :

**zigzaguer :** aller de travers en changeant souvent de direction.

« Il fallait souvent deux ou trois ans pour obtenir

une installation ! Le combiné était fixe, relié par des fils. On ne pouvait pas se promener pendant la communication.
– Aujourd'hui, sur le téléphone portable, nous avons un accès à Internet, des jeux, la possibilité de prendre des photos, ajoute Ethan.
– Tes parents te laissent naviguer sur Internet ? demande Annie en fronçant les sourcils.
– Oui, répond Ethan, mais sur quelques sites seulement.
– Que voudras-tu faire plus tard, Ethan ? demande mamie.
– Enquêteur dans la police scientifique. Avec les recherches d'ADN, on parvient à arrêter des criminels. »
Claude actionne le clignotant. Il arrête la voiture devant un distributeur automatique de billets.
« La carte à puce est une belle invention du Français Moreno en 1974 ! dit-il. Autrefois, on ne pouvait retirer des billets que dans les guichets des banques. Il fallait faire la queue. »
Quelques minutes plus tard, Claude et Annie remontent en voiture :
« Nous sommes parés, dit Annie. Vive les vacances ! »

Cahin-caha, la dedeuche roule vers la mer. Elle traverse des paysages magnifiques, avec des

**ADN :** substance qui constitue les chromosomes et qui contient sous formes codées toutes les informations relatives à un organisme vivant. (abréviation d'« Acide Désoxyribo-Nucléique »).

**être paré :** avoir tout ce dont on a besoin.

**cahin-caha :** tant bien que mal, avec difficulté.

**à colombages :** dont les murs sont faits d'un assemblage de poutres que l'on laisse apparentes.

**le chaume :** paille que l'on utilise pour faire les toits.

**époustouflant :** extraordinaire.

maisons à colombages et aux toits de chaume, des prairies où broutent tranquillement de belles vaches normandes.
« C'est quand même mieux que les grandes barres de béton ! » s'exclame Margot.
Bientôt, la mer apparaît à l'horizon. Au détour de la route, la vue est époustouflante : de hautes falaises blanches s'élèvent au-dessus des flots. La voiture descend une vallée jusqu'à la plage d'Antifer, près du Havre.
« Je voulais vous montrer ce lieu car sur votre droite, la grande digue accueille les plus grands superpétroliers du monde. Certains mesurent 300 mètres de long. Ils vident leur cargaison dans

d'immenses cuves. Des pipelines partent ensuite vers Paris. »
Margot s'agite sur son siège avant de demander : « N'y a-t-il pas des risques de pollution ?
– Il n'y a pas eu d'accident ici, répond Claude. Mais il est vrai que des pétroliers peuvent créer des marées noires. Ce fut par exemple le cas en 1978 lorsque l'Amoco Cadiz a déversé son pétrole sur les côtes bretonnes, et en 1999 avec l'Erika. »
La voiture remonte en toussotant la forte pente, puis elle s'élance vers Étretat où les enfants admirent les arches monumentales créées par la mer dans la falaise.

**un pipeline :** canalisation enterrée qui sert à transporter du pétrole sur de grandes distances.

**une arche :** voûte formant un arc.

« Nous parlions de pollution, dit Claude. Aujourd'hui, nous sommes attentifs à l'écologie. Mais quand nous étions jeunes, on n'y pensait guère. Il fallait produire au maximum. La grande alerte écologique s'est produite en 1986 avec l'accident de la centrale nucléaire de Tchernobyl, en URSS. Nous avons connu d'autres dangers liés à la vie moderne : la menace de guerre des missiles entre les États-Unis et l'URSS, les attentats terroristes, des maladies nouvelles comme le Sida apparu en 1981.
– Comme dans toutes les époques, l'interrompt Annie, il y a des événements tristes et d'autres

**Sida :** maladie qui entraîne la multiplication d'infections.

joyeux. Pour l'instant, il fait beau et nous sommes arrivés. Descendons les bagages. »
La maison louée est jolie avec sa terrasse et ses volets bleus.
« Allons nous baigner ! » propose Annie.
Sur la plage, les baigneurs ont enfilé leurs maillots de bain.
« C'est l'actrice Brigitte Bardot, dite BB, qui a lancé la mode des maillots deux pièces, les bikinis, pour les femmes. Elle a fait scandale, explique Annie. Nous ne pouvions porter ni minijupe ni pantalon. Il a fallu le mouvement de libération des femmes pour que nous puissions enfiler des jeans comme les hommes.
– De leur côté, dit Claude, les hommes ont pu laisser pousser leurs cheveux ! »
Margot et Ethan ont pris leurs serviettes de bain.
« Vous nous avez appris quantité de choses. Nous en parlerons avec notre instituteur à la rentrée. En attendant, profitons des vacances ! » dit Margot.

Alain Dag'Naud

# *Un enlèvement programmé*

Illustré par Jazzi

## Le Havre, mercredi 2 juillet, 15 h 00

Le temps est magnifique sur la ville du Havre, à la pointe des blanches et hautes falaises de la Normandie. Sur la plage, les baigneurs profitent d'une mer à peine agitée par un vent léger. De minuscules cabines de bois peintes en bleu et blanc installées sur la plage permettent de bronzer bien à l'abri. Tout au long de la promenade, les flâneurs observent les énormes cargos porte-conteneurs, grands comme des immeubles, qui sortent du port et gagnent le large. On a l'impression qu'ils vont écraser de leur masse les petits bateaux dont les voiles scintillent au soleil.

Allongés sur des transats, trois vacanciers sirotent des boissons fraîches. Justine, une ravissante jeune fille de douze ans aux grands yeux noirs, déguste avec une paille son diabolo fraise. Elle porte un large chapeau à fleurs pour s'abriter du soleil. À son côté, se trouve Blandin, un beau garçon de treize ans dont les cheveux bouclés s'agitent doucement sous la légère brise de mer. Il a terminé son orangeade et semble absorbé dans une rêverie tranquille. Près d'eux est installé un vieux monsieur élégant qui ressemble à un gentleman anglais. Il porte un chapeau blanc, un costume blanc rayé de brun et des chaussures

**un flâneur :** promeneur.

**un cargo porte-conteneurs :** navire marchand conçu pour transporter des conteneurs.

**scintiller :** briller.

**un transat :** chaise-longue sur laquelle on peut s'allonger.

**siroter :** boire à petites gorgées.

**un diabolo :** boisson composée de sirop et de limonade.

**un gentleman :** homme distingué et bien habillé.

**arborer :** porter.

de cuir blanc. Il arbore sur le nez de petites lunettes aux montures roses. Les passants se retournent pour le regarder. Il s'en moque. Un fin sourire ne le quitte pas.

Sortant de sa rêverie, Blandin se lève et s'approche du vieux monsieur :
« Grand oncle Antoine, Justine et moi attendions avec impatience de te retrouver. Nous aimons tellement venir dans ta belle maison !
– Vos parents ne nous rejoindront ici que dans deux semaines, dit le vieil homme. D'ici là, je suis heureux que nous soyons ensemble. Y a-t-il

quelque chose qui vous ferait plaisir, baignades, cinéma, découverte d'Étretat ou Deauville ?
– Nous aimerions que tu nous fasses d'abord découvrir Le Havre, dit Blandin.
– Si Justine est d'accord, c'est avec plaisir », répond le vieil oncle.
Justine vient de finir son diabolo fraise. Elle pose son verre et s'écrie, toute joyeuse : « Allons-y ! »
Le vieil homme s'extirpe difficilement de son transat. Une fois debout, il reprend sa canne au pommeau d'argent en forme de panthère et s'élance d'un pas résolu.
« Nous allons grimper sur les hauteurs de la ville, dit-il. Le panorama y est superbe. »

L'oncle Antoine entraîne ses neveux vers le centre-ville et se dirige jusqu'à un funiculaire.
« Des escaliers montent en haut de la falaise, mais je préfère ce téléphérique. »
L'ascension est rapide et impressionnante. Les enfants découvrent peu à peu l'ensemble de la ville et du port. Quand ils sont arrivés à un belvédère, ils s'assoient sur un banc. Le vieil homme désigne les beaux immeubles modernes du centre ville : « Ils sont classés depuis 2005 au Patrimoine mondial de l'humanité », explique-t-il fièrement. Puis il raconte pourquoi il ne reste plus rien de la vieille ville : « La cité a été entièrement

**s'extirper :** se lever péniblement.

**un pommeau :** boule au bout de la poignée d'une canne.

**résolu :** décidé.

**le panorama :** vue.

**un funiculaire :** petit train tiré par un câble sur des pentes très abruptes.

**l'ascension :** montée.

**un belvédère :** terrasse naturelle située en hauteur et d'où l'on a un beau panorama.

détruite, sauf ma maison et quelques autres, à la fin de la dernière guerre. En juin 1944, les Alliés ont débarqué en Normandie. Paris a été libéré en août, puis toute la France a été délivrée. Mais au Havre, le colonel allemand qui commandait la place avait ordonné à ses soldats de résister jusqu'au bout. Plutôt que d'attendre l'inévitable reddition des ennemis, l'aviation anglaise a décidé de tout raser. À partir du 31 août et jusqu'au 11 septembre, les escadrilles anglaises ont déversé sur la ville des milliers de tonnes de bombes. Les habitants étaient terrés dans les caves et dans des tunnels. Tout s'écroulait autour d'eux. Il y a eu des milliers de morts.

– Et les Allemands ? demande Justine.

– Ils étaient bien protégés dans des tunnels et des blockhaus sous la falaise où nous sommes. Ils ont été peu touchés... » répond l'oncle Antoine, qui plonge un moment dans ses souvenirs. Puis il s'exclame : « Venez ! Je vais vous montrer un endroit que peu de gens du Havre connaissent. »

**la reddition :** fait de se rendre, de capituler.

**raser :** détruire jusqu'à la dernière maison.

**une escadrille :** ensemble d'avions en formation de combat.

**déverser :** larguer en grande quantité.

**un blockhaus :** construction fortifiée, semi-enterrée, en béton, que l'on trouve sur toute la façade ouest de la France.

## Le message mystérieux

Nos amis descendent plusieurs marches de la rue du Grand-Escalier. Oncle Antoine fait halte devant une porte de bois au pied d'une tourelle. Il dévisse le pommeau de sa canne et en sort un

**une tourelle :** petite tour.

curieux jeu de clefs. Il introduit l'une d'elles dans la serrure qui cède.
« Suivez-moi ! dit le vieil homme aux deux enfants surpris.
– Tu as une canne bien étrange, grand oncle ! s'étonne Blandin.
– Elle m'a été souvent bien utile. Elle me sert de béquille, de gourdin pour le cas où, et de passe-partout. »
Blandin voudrait en savoir plus mais le vieux monsieur élégant les entraîne au fond du jardin en broussailles, jusqu'à une lourde porte de fer rouillé.
« C'était l'entrée du QG allemand pendant la guerre », explique le vieil homme, qui sort du pommeau une longue tige de métal qu'il introduit dans le verrou. Un craquement se fait entendre. Le blindage oscille sur ses gonds. L'accès est libre. Antoine remet la tige et les clefs dans le pommeau qu'il revisse. Puis il actionne un minuscule bouton dissimulé sous le nez de la panthère d'argent. Un faisceau lumineux sort des yeux de l'animal et éclaire un long tunnel qui s'enfonce lentement.
Le sol est humide, parsemé de morceaux de ferraille, mais l'oncle Antoine ne craint pas pour ses chaussures et son pantalon blancs. Il avance résolument, suivi de Justine et Blandin. Au bout

**une béquille :** canne sur laquelle on s'appuie lorsqu'on a des difficultés pour marcher.

**un gourdin :** bâton dont on se sert pour se défendre et frapper.

**QG :** abréviation de Quartier Général.

**le blindage :** plaques d'acier qui protègent une porte.

**osciller :** se balancer dans un mouvement de va-et-vient.

**ne pas craindre pour :** ne pas se préoccuper de.

**un embranchement :** croisement.

**un réduit :** toute petite pièce.

**un orifice :** ouverture.

**desservir :** conduire à.

de deux cents pas, ils parviennent à un embranchement.
« Prenons à droite ! » ordonne l'oncle. Le petit groupe passe devant un réduit creusé à même la roche. L'oncle désigne des casques et des restes de munitions. Plus loin, un escalier métallique en colimaçon grimpe dans un orifice bouché.
« Il desservait une tourelle d'observation et de tir, » explique le vieil homme qui poursuit son chemin.

Au bout de dix minutes, nos trois amis découvrent une salle plutôt vaste. Au fond, deux nouvelles galeries en partent. Contre les murs, des étagères de fer portent encore des bouteilles de champagne et de vin couvertes de poussière.
« Les soldats allemands aimaient leur confort ! commente Antoine, qui ajoute : Nous sommes à trente mètres sous terre, dans le centre de commandement allemand. »
Une table occupe le milieu de la pièce. Blandin s'en approche. Il prend une feuille de papier abandonnée là.
« C'est étrange, dit-il, on dirait quelque chose de récent. »
Oncle Antoine approche le faisceau de sa lampe.
« Quelqu'un est venu ici récemment, » déclare-t-il.
Blandin entreprend de lire : « Blog surveillé, passer sur Facebook code AQ – 11 IX. Action 5 VII, port BF. »

Perplexes, nos trois compagnons s'emparent du papier et reviennent sur leurs pas. Une fois dehors, Justine propose de regagner au plus vite la maison d'Antoine afin de consulter l'ordinateur qu'elle a apporté. Arrivés dans la demeure de l'oncle, Justine et Blandin s'installent dans le bureau d'Antoine et branchent l'ordinateur. Sur

**un blog :** site Internet où une personne tient son journal. On l'appelle aussi « cybercarnet ».

**Facebook :** réseau social sur Internet permettant à toute personne de créer son profil et d'y publier des informations.

**être perplexe :** ne pas savoir quoi penser.

le site Facebook, Justine tape le code d'accès et attend. Soudain, une vidéo démarre et un visage apparaît. L'homme a l'air étonné. Il prononce quelques mots dans une langue inconnue. Et l'image s'interrompt brutalement. La connexion a été coupée. Les enfants décrivent à leur grand oncle ce qu'ils ont vu : « Un homme avec une longue barbe noire, les yeux sombres et méchants. Il ne parlait pas notre langue. »

L'oncle demande aux enfants de l'écouter avec soin :

« Mes chers petits, cette histoire m'inquiète. J'ai collaboré longtemps avec les services secrets. Le code m'a tout l'air d'un message lié à un acte

terroriste en préparation. 11 IX doit faire référence aux attentats du 11 septembre 2001 à New York. Je ne déchiffre pas le reste du message.
– Et si le 5 VII était le 5 juillet, dans trois jours ? demande Blandin dans un trait de génie.
– Tu as sans doute raison, s'exclame l'oncle. Je vais aussitôt informer un ami au contre-espionnage. »

**un trait de génie :** idée lumineuse.

## Le Havre, 2 juillet, 21 h 15

Dans le grand salon de l'oncle, cinq personnes sont réunies : Antoine, Blandin, Justine et deux hommes vêtus de costumes sombres. L'un est grand avec une petite moustache qui lui souligne la lèvre supérieure. C'est l'inspecteur Philippe, de la DGSE. L'autre est plus petit. Il garde au coin de la bouche une pipe éteinte. C'est le commissaire du port Patrice Mark. L'inspecteur Philippe prend la parole :
« Dès que notre ami Antoine nous a transmis le message codé que vous avez découvert, nous l'avons fait analyser dans nos bureaux de Paris. Voici nos conclusions. AQ forment les initiales du groupe dénommé Al Qaïda. C'est un réseau terroriste mal connu ; on ne sait pas bien ce qu'il cache. On lui prête de nombreux attentats et prises d'otages dans le monde. Le 11 IX, c'est

**DGSE :** abréviation de « Direction Générale de la Sécurité Extérieure », qui est le service de renseignements de la France.

bien le 11 septembre, et le 5 VII, Blandin l'a deviné, serait le 5 juillet. Par divers recoupements, nous pensons que « port » désigne une action qui sera menée sur le port du Havre. Quant à BF, il s'agirait des initiales du nom d'un bateau. Nous avons étudié toutes les listes des navires à l'arrivée ou en partance. Un seul correspond. C'est un cargo du nom de Belle-France. Voilà pourquoi j'ai demandé à Monsieur Mark, commissaire du port, d'être présent.

– Bravo, mon ami, s'exclame Antoine. Vous avez agi avec une grande rapidité et beaucoup d'efficacité.

– Nous avons interrogé le capitaine du bateau pour savoir ce qu'il transportait, reprend l'inspecteur en souriant discrètement. Il doit embarquer de nombreux conteneurs au quai 2000, puis les livrer au port de Londres. Là, il chargera une nouvelle cargaison qu'il ramènera au Havre. Puis il repartira pour l'Amérique du Sud. Nous avons télégraphié une demande d'enquête à Scotland Yard et au MI6. Nous attendons leurs conclusions d'une minute à l'autre. »

Le téléphone portable de l'inspecteur sonne. Philippe discute un moment en anglais avec son interlocuteur. Quand il raccroche, il est soucieux : « Un savant atomiste français doit emprunter à Londres ce bateau pour rejoindre Le Havre. Il

**Scotland Yard :** nom du quartier général de la police de Londres.

**MI6 :** abréviation de « Military Intelligence [section] 6 », qui est le service de renseignement du Royaume-Uni.

**emprunter :** prendre.

fera charger dans un conteneur sa dernière invention. Je ne serais pas étonné que les terroristes cherchent à s'emparer du savant et de sa découverte.
– Vous allez donc le faire protéger ! s'écrie Justine.
– Le plus discrètement possible, répond l'inspecteur, car nous voulons remonter la filière terroriste jusqu'à son chef. Cela nous pose un problème. Vous êtes les seuls, toi et Blandin, à avoir vu le visage du terroriste. Il s'arrangera sans doute pour monter à bord ici même et entrera en contact avec ses complices à Londres…
– Envisagez-vous de faire monter à bord mes petits-neveux pour qu'ils repèrent l'individu ? le coupe Oncle Antoine. Qu'ils prennent des risques avec des criminels prêts à tout ? Il n'en est pas question !
– L'aventure nous tente, intervient Blandin. Il me semble, cher grand oncle, que vous avez affronté de nombreux dangers. De notre côté, nous avons déjà résolu plusieurs enquêtes délicates. Nous sommes prêts à embarquer.
– Alors je vous accompagne ! s'exclame le vieil homme.
– Le Belle-France doit quitter le port demain soir à marée haute. Il sera 23 heures 30 », précise le commissaire Mark en toussotant.

**la filière :** toute la chaîne d'organisation d'un groupe.

## À bord du Belle-France

Le lendemain, à 23 heures, sur le quai 2000 du port, la nuit est tombée. Quatre ombres s'engagent sur l'échelle de coupée au-dessus de l'eau. Un marin les attend sur le pont.

**l'échelle de coupée :** échelle mobile qui permet de monter ou de descendre d'un bateau.

« Maître d'équipage Devos. Je vous conduis au commandant ! dit-il. Attention à l'escalier. Ses marches en acier sont étroites, raides et glissantes.

– Cela commence bien. En plus, j'ai le vertige ! » déclare une voix de jeune fille qui étonne le maître d'équipage.

Le petit groupe est conduit jusqu'à la timonerie, poste de pilotage au sommet du « château » où les attend le commandant Eyriès.

**la timonerie :** poste de pilotage où se trouvent les appareils de navigation d'un bateau.

« On se croirait dans un grand cockpit d'avion, avec ses écrans, son radar, ses manettes et ses ordinateurs de bord ! s'exclame un des visiteurs.

**un cockpit :** poste de pilotage d'un avion.

– Bonjour commandant, se présente l'un des membres du groupe. Je suis l'inspecteur Philippe. Voici le colonel Antoine, et ses petits-neveux Blandin et Justine. Vous connaissez l'objet de notre visite.

**l'objet :** but.

– Tu ne nous avais pas dit que tu étais colonel ! murmure discrètement Justine à son vieil oncle.

– Je te raconterai cela un jour, » répond celui-ci d'un air détaché. Toujours aussi élégant, il a

revêtu pour voyager une veste à carreaux et un pantalon de velours marron. Blandin et Justine ont préféré des jeans et des baskets. « Pour courir plus vite, au cas où ! » ont-ils précisé.

Le commandant du bateau est accompagné du pilote du port. « Il est chargé de guider le navire hors des bassins, » explique le commandant qui donne le signal du départ. Les moteurs s'élancent, l'immense carcasse d'acier se met à vibrer. Le navire s'écarte lentement du quai, aidé par un remorqueur. Derrière l'immense vitre de la passerelle, tout le monde est concentré. Les grues gigantesques s'éloignent. Les lumières de la ville disparaissent. Une fois le bateau sorti du port, le pilote peut redescendre, sa mission est terminée. Le commandant Eyriès explique alors à ses passagers le fonctionnement à bord : « Le Belle-France mesure 200 mètres de long et 50 mètres de haut. Nous naviguerons à vingt nœuds, soit environ 40 km/h. Si tout va bien, nous devrions être à Londres-Tilbury demain en début d'après-midi. En attendant, mon second va vous conduire à vos cabines. Bonne nuit ! »

L'officier en second mène les passagers au pont C et leur désigne deux cabines :

« Les enfants, vous partagerez celle-ci. Messieurs, voici la vôtre. Les lits sont confortables.

**au cas où :** si besoin est.

**un bassin :** partie du port qui reçoit les bateaux pour les chargements et les déchargements.

**un remorqueur :** dans un port, bateau à moteur très puissant utilisé pour faire sortir et entrer les gros navires.

**une grue :** machine dont le long bras pivotant permet de charger et de décharger les navires.

**un nœud :** unité de mesure de la vitesse des bateaux qui correspond à 1,8 km/h.

Le petit-déjeuner est servi de 7 heures 30 à 8 heures 30. On vous propose des œufs, du bacon, des saucisses, des toasts, des jus de fruit et des boissons chaudes.
– Voilà qui est bien réjouissant ! commente l'oncle Antoine. Il ajoute : Il est tard. Nous ferons un point des opérations demain matin à neuf heures. Dormez bien. »
Blandin et Justine se dirigent vers le hublot de leur cabine d'où ils observent un moment les lumières d'un formidable bateau de croisière à quai. Puis ils se couchent et s'endorment, bercés par le doux roulis du cargo.

**un hublot :** petite fenêtre ronde étanche sur un bateau.

**le roulis :** balancement d'un bateau.

## Le plan d'action

À 9 heures tapantes, ce vendredi 4 juillet, nos quatre compagnons sont réunis dans la salle de détente des officiers, sur le pont supérieur. L'inspecteur Philippe prend la parole :
« Votre rôle, Blandin et Justine, est d'essayer de reconnaître l'homme que vous avez vu sur l'écran de votre ordinateur. Il est sans doute à bord pour préparer l'embarquement de ses complices à Londres. Est-il un des vingt-quatre marins ? Pour le découvrir, il faudra visiter tout le bateau. Votre oncle et moi-même vous accompagnerons. Le capitaine nous donne carte blanche.

**tapant :** précis.

**donner carte blanche :** laisser quelqu'un prendre toutes les initiatives qu'il souhaite.

**se porter garant :** garantir la confiance que l'on peut accorder à une personne.

Nous serons guidés par le maître d'équipage, un homme sûr dont le commandant se porte garant. Nous serons comme de simples passagers en voyage. Ce genre de bateau en accueille souvent.
– Que faudra-t-il faire si l'individu est repéré ? interroge Antoine.
– Rien, répond l'inspecteur. Nous le laisserons agir en l'observant discrètement. À Londres, le Belle-France chargera des containers. Je prépare une fameuse surprise aux terroristes.
– Laquelle ? veulent savoir Blandin et Justine.
– Vous le saurez bientôt. Mais tout mon plan repose sur l'identification de notre suspect. N'oubliez pas qu'il peut être dangereux ! »

**une passerelle :** plate-forme située au-dessus des cabines sur un bateau.

**bâbord :** partie gauche d'un bateau quand on regarde vers l'avant.

**tribord :** partie droite d'un bateau quand on regarde vers l'avant.

**le vertige :** peur du vide.

Le maître d'équipage invite les quatre passagers à le suivre.
« Depuis cet étage, la passerelle extérieure permet de passer de bâbord à tribord en faisant tout le tour du bateau. Je vous précède, dit-il.
– Ne pourrait-on passer par l'intérieur, j'ai le vertige ! s'écrie Justine.
– Nous avons tellement l'habitude que nous ne craignons pas le mal de mer, » s'excuse le maître d'équipage.
Le petit groupe descend une échelle intérieure.
« Je vous propose de commencer par la chambre des machines » conseille leur guide qui les conduit

dans une salle immense haute de trois étages. Le bruit est infernal, la chaleur difficile à supporter. Antoine parle très fort à l'oreille du maître d'équipage : « Nous souhaiterions saluer les mécaniciens qui ont le courage de travailler ici. » Le maître d'équipage fait signe de le suivre. Dans le clac clac des soupapes des moteurs, au milieu d'énormes tuyaux, le groupe avance jusqu'à la pièce de commande des machines. Plusieurs hommes en bleu de travail sont présents. Justine et Blandin font un signe : le suspect n'est pas là. Ils parcourent ensuite plusieurs zones du bateau. En vain.

**une soupape :** mécanisme qui permet le passage d'un fluide dans un sens et l'empêche de refluer en sens inverse.

**un suspect :** quelqu'un que l'on soupçonne d'un méfait.

À midi et demi, le déjeuner est servi dans la salle à manger des officiers. Le steward, le chef électricien, le chef ingénieur, les sous-officiers et le capitaine sont présents. L'inspecteur Philippe comprend au regard des enfants que le terroriste présumé n'est pas là. Manque le second, qui est de garde au poste de pilotage, mais Blandin l'a croisé la veille ; ce n'est pas lui. Antoine propose d'aller remercier le chef cuisinier. Cela permettra de faire sa connaissance. Ce n'est pas lui non plus. Alors Antoine suggère au commandant de retrouver le reste de l'équipage à l'étage en dessous, dans la salle de jeux. La pièce est agréable. On y trouve une télévision, une table

**un steward :** homme qui veille au confort et à la sécurité des passagers.

de ping-pong, des jeux de fléchettes, deux vélos d'intérieur et des instruments de musculation. À l'extérieur de la salle, on aperçoit les canots de sauvetage. Mais l'homme reste introuvable. Le commandant est perplexe : « Avez-vous visité la lingerie ? Nous y employons deux hommes récemment engagés. Ils sont chargés du lavage et du repassage des vêtements des marins. » La porte est à peine poussée que Justine effleure le coude de Blandin. L'individu est là.

## Le savant et son secret

À 18 heures, le Belle-France arrive à quai sur les bords de la Tamise. De la passerelle, Blandin, Justine, Antoine et l'inspecteur observent l'accostage. Le déchargement des containers commence aussitôt après l'amarrage. Blandin admire les gigantesques portiques qui accrochent les énormes cubes de tôle de couleur et les déposent sur les quais. D'autres grues s'en emparent pour les placer sur des camions ou les charger sur des wagons de chemin de fer. Soixante containers sont évacués en deux heures. Sur ordre de l'inspecteur Philippe, l'embarquement des nouveaux chargements est retardé au lendemain matin. « J'ai demandé au maître d'équipage de surveiller discrètement les allées et venues du suspect. Pour l'instant, celui-ci est resté à bord », explique-t-il.

Après le dîner, lorsque la nuit est tombée, un curieux manège s'opère. Cinq ouvriers en bleu de travail montent à bord. Ils annoncent suffisamment fort pour être entendus qu'ils sont chargés d'examiner l'intérieur de la coque attaquée par la rouille. Philippe précise à l'oreille de Blandin : « Ce sont des hommes du MI6. »
Sur le quai, d'autres ombres se faufilent entre les containers restés sur les docks.

**la Tamise :** fleuve qui coule à Londres.

**l'accostage :** action de se ranger le long d'un quai.

**un portique :** poutre métallique sur laquelle sont placées les poulies qui permettent de charger et décharger les containers.

**s'en emparer :** s'en saisir.

**les allées et venues :** déplacements.

**un manège :** manière d'agir qui paraît incompréhensible, dont on ne comprend pas le but.

**s'opérer :** se dérouler, avoir lieu.

**se faufiler :** se glisser discrètement.

« Sans doute nos terroristes qui attendent le bon moment pour agir, ajoute Philippe. Ils doivent être surpris par le contretemps. »

Vers une heure du matin, un taxi fait halte au pied de la passerelle. Un homme petit et corpulent, visiblement nerveux, en descend rapidement, accompagné d'une personne grande, élégamment vêtue. Ils montent aussitôt à bord et sont conduits au poste de pilotage où les attendent l'oncle Antoine, Blandin, Justine, Philippe, le commandant et son second.

« Je suis l'inspecteur principal Jones, de Scotland Yard, se présente l'un des deux hommes. J'accompagne le professeur Rouquet, un savant français mondialement connu.

– Je vous remercie, inspecteur, dit le professeur. Vous m'avez informé que des terroristes voulaient s'emparer de mon invention. J'ai agi suivant vos instructions. Ma découverte sera amenée demain matin dans un container portant l'indication Supra C. »

– Pourquoi des terroristes veulent-ils s'emparer de vous et de votre invention ? demande Blandin.

– Voyez-vous, les enfants, j'ai mis au point un matériau révolutionnaire, répond le professeur. C'est ce que j'appelle un supraconducteur. Il

permet de transporter l'électricité sans perte de courant dans les fils. Il rend même possible la lévitation des choses et des individus. Si je vous fais passer dans le courant de cette sorte d'aimant, vous pouvez être soulevés de terre et transportés dans l'air.
– C'est fantastique ! s'exclame Justine, qui s'interroge : Le groupe Al Qaïda veut dérober votre découverte ; mais que peut-il en faire ?
– Demain, répond le savant, je vous dévoilerai une des applications du supraconducteur. Il s'agit d'un canon électro-magnétique que je fais transporter en secret sur ce bateau. Mon canon peut envoyer sans poudre ni combustible un projectile capable de percer tous les blindages. Il peut même servir de catapulte pour des fusées !
– Si je comprends bien, intervient l'oncle Antoine, Al Qaïda cherche aussi à vous kidnapper pour que vous leur en expliquiez le fonctionnement.
– C'est exact, dit l'inspecteur Jones. Maintenant, il est temps d'aller se coucher. Restons sur nos gardes. L'action aura lieu demain, soit pendant la navigation, soit à notre débarquement au Havre. »

**la lévitation :** fait de s'élever au-dessus du sol sans aucune aide matérielle.

**une application :** utilisation possible.

**un combustible :** matière que l'on brûle pour produire de l'énergie.

**une catapulte :** lanceur.

## Le piège

« L'individu de la lingerie a disparu ! s'exclame l'inspecteur Philippe lorsqu'il se présente, tout essoufflé, au petit-déjeuner, à 7 heures 30 du matin. Il a échappé à notre surveillance. Et l'on m'informe que les terroristes postés près du bateau sont introuvables depuis notre départ de Londres.

– Inspecteur ! s'exclame l'oncle Antoine en avalant le reste de son croissant. Ma vieille expérience dans les services de renseignements me laisse à penser que les brigands sont montés à bord, on ne sait comment. Il faut les repérer et les neutraliser avant d'arriver en France où des complices les attendent. La date indiquée sur le papier trouvé dans la galerie montre qu'ils agiront à l'accostage au Havre.

– Nous arriverons à midi, dit le commandant Eyriès. Il vous reste quatre heures.

– Où sont les hommes du MI6 ? demande l'inspecteur Philippe.

– Un dans la chambre des machines, un dans la pièce de détente de l'équipage, un près de la lingerie, un à l'étage des officiers, un dans la cabine de pilotage, précise l'inspecteur Jones. Mais ils n'ont pas la photo du principal suspect.

– C'est donc à nous de jouer ! concluent Blandin et Justine en se regardant et en se levant de table.

**laisser à penser :** faire supposer.

**neutraliser :** empêcher quelqu'un de nuire.

**un complice :** personne qui participe à un méfait.

– Je vous accompagne ! ajoute le vieil oncle. Je prends ma canne au cas où. »
Dehors, sur la passerelle, le temps n'est pas au beau. L'orage menace et les vagues font tanguer le bâtiment.
« Attention à ne pas passer par-dessus bord, recommande l'oncle. Ces escaliers extérieurs et ces passerelles qui donnent sur le vide ne me disent rien qui vaille.
– Accrochons-nous à la rambarde et avançons ! » propose courageusement Justine qui a décidé d'oublier son vertige.

**tanguer :** se balancer fortement d'avant en arrière.

**une rambarde :** rampe métallique qui sert de garde-fou.

Depuis le pont supérieur, ils parcourent les différents niveaux. Ils font halte devant la chambre froide. « S'ils étaient cachés là-dedans ? » s'inquiète Blandin qui commence à ouvrir pendant qu'Antoine brandit son bâton. Un homme en sort, surpris de voir la canne de l'oncle brandie au-dessus de sa tête. C'est le chef cuisinier.

**brandir :** lever au-dessus de la tête.

Deux heures ont passé. Le petit groupe poursuit son enquête. Au loin, les falaises du Havre se dessinent. Nos trois amis descendent sur le pont où sont entreposés les containers. Soudain, Justine fait signe de se taire. Elle écoute un chuchotement venu d'un des cubes de tôle. Blandin et Antoine examinent la porte du container. Elle a été ouverte. Antoine prend sa canne et, d'un geste

**examiner :** observer minutieusement.

brusque, il l'introduit dans deux anneaux de fer placés de chaque côté de l'ouverture.
« Allez vite chercher du secours ! » demande Antoine aux enfants qui se précipitent. Un quart d'heure plus tard, les hommes du MI6 montent la garde devant le container pendant qu'à l'intérieur des cris furieux se font entendre.
À 11 heures 30, le samedi 5 juillet, le Belle-France se prépare à accoster. Un pilote du port est monté à bord pour faciliter la manœuvre. L'inspecteur Philippe referme son téléphone portable et dit :
« Cinq personnes ont été arrêtées sur le quai. Elles étaient armées jusqu'aux dents. Il y a eu une fusillade mais pas de blessés. Nous pourrons descendre en toute sécurité. »
Un craquement se fait entendre. La coque vient de toucher le quai. Les portiques de débarquement se mettent à l'œuvre pour enlever les gros cubes d'acier. Blandin, Justine et Antoine observent avec amusement l'un d'eux, qui se balance en l'air au bout de filins d'acier. « Nos terroristes sont là-dedans ! remarque Justine. Qu'ils y restent ! » Les adieux sont faits à l'équipage. Sur le quai, le professeur Rouquet se dirige vers un caisson déposé à part et surveillé par plusieurs policiers français. Le savant ouvre la lourde porte de métal et désigne un curieux appareil bien arrimé. « Voici mon canon ! » s'écrie-t-il

**armé jusqu'aux dents :**
être couvert d'armes, posséder des armes sur soi en grande quantité.

**une fusillade :**
échange de tirs.

**arrimé :**
fixé et maintenu avec des cordes ou des sangles.

fièrement. Tout à coup, les enfants entendent un grognement. Ils se retournent. Oncle Antoine est là qui vocifère : « Ma canne ! Elle est restée sur le container des terroristes ! » Et tous de s'esclaffer.

**vociférer :** crier pour exprimer sa colère.

**s'esclaffer :** éclater de rire.

# Table

Achevé d'imprimer en Février 2022 en Slovaquie par Polygraf
Dépôt légal : Juillet 2011 - Collection n° 73 - Édition 13
11/7567/8